EINGLIEDERUNG DURCH ARBEIT

EINGLIEDERUNG DURCH ARBEIT

Handreichung für Mitarbeiter im Arbeitsbereich von Einrichtungen für Menschen mit psychischen Behinderungen

MICHAEL BRATER

unter Mitwirkung von Horst Heuwold
Meto Salijevic und Siegfried Schmock

Mit einem Vorwort von Michaela Glöckler
Medizinische Sektion der Freien Hochschule für Geisteswissenschaft
Goetheanum

Herausgegeben von der Sozialtherapeutischen Akademie Sondern e.V., Wuppertal, in Zusammenarbeit mit der Gesellschaft für Ausbildungsforschung und Berufsentwicklung e.V., München

VERLAG AM GOETHEANUM

1. Auflage 1988 in der Edition Bingenheim, Wuppertal
2. Auflage 1994

Einband: Michael Jaeger
Vignetten: Karlheinz Flau
© Copyright 1988 Verlag am Goetheanum
Alle Rechte vorbehalten
Gesamtherstellung: Hof Sondern e.V. · Druckerei

ISBN 3-7235-0732-8

Geleitwort zur zweiten Auflage

Die von Michael Brater unter Mitwirkung von Horst Heuwold, Meto Salijevic und Siegfried Schmock vorgelegte Handreichung für Mitarbeit im Arbeitsbereich von Einrichtungen für Menschen mit psychischen Behinderungen war seit ihrem Erscheinen 1988 in wenigen Jahren vergriffen. Sie ist das Ergebnis jahrelanger Forschungs- und Entwicklungsarbeit auf Hof Sondern, einer Einrichtung für psychisch Behinderte in Nordrhein-Westfalen/Deutschland. Jede Zeile dieses Buches ist aus der praktischen Erfahrung im Umgang mit psychisch Behinderten heraus geschrieben und getragen von einer freilassenden und liebevollen Menschlichkeit, die einem von Kapitel zu Kapitel immer wieder neu entgegentritt.

Unter Rehabilitation wird hier nicht in erster Linie die Anpassung beziehungsweise Wiedereingliederung in das Berufsleben verstanden, sondern der Vorgang der persönlichen Stabilisierung des psychisch behinderten Menschen durch den Arbeitsprozeß. Die Arbeit selbst wird so zum Weg, zur Therapie – sie ist nicht das Ziel. Diese Einstellung macht das Buch so anregend und lesenswert. Denn unter den sogenannten Gesunden ist dieses Bewußtsein nahezu verlorengegangen, daß die Arbeit selbst das Entscheidende ist und nicht etwa nur das Ergebnis der Arbeit, auch wenn dieses, unter dem reinen Nützlichkeitsaspekt betrachtet, so erscheinen mag. Der Arbeitsprozeß wird so zur Schule der Selbstfindung und des sich sinnvoll eingegliedert Erlebens in einem gegebenen sozialen Zusammenhang.

Es sei diesem Buch der Wunsch mitgegeben, daß es sich weit über den Kreis anthroposophisch orientierter Einrichtungen hinaus als fachliche Anleitung für den Integrationsprozeß psychisch Behinderter bewähren möge. Der Leser wird bemerken, daß bei der Lektüre weder anthroposophische Grundkenntnisse vorausgesetzt noch in den Gang der Betrachtung einbezogen werden. Vielmehr wird er beim Lesen des Buches der angewandten Anthroposohie begegnen, die Lebenspraxis geworden ist.

Medizinische Sektion am Goetheanum
Mai 1994   *Michaela Glöckler*

Die vorliegende Handreichung entstand im Rahmen des Projektes »Modellhafte Entwicklung und Erforschung von Arbeitsverhältnissen für psychisch Behinderte im Rehabilitationsbereich«.

Dieses Projekt wurde vom Bundesminister für Forschung und Technologie im Programm »Forschung zur Humanisierung des Arbeitslebens« unter dem Förderkennzeichen 01 VD 070 gefördert.

Verantwortlich für den Inhalt des Textes sind die Autoren. Das Bundesministerium für Forschung und Technologie übernimmt keine Gewähr, insbesondere nicht für Richtigkeit, Genauigkeit und Vollständigkeit der Angaben sowie für die Beachtung privater Rechte Dritter.

Die Mitarbeiter des Projekts möchten vor allem den Mitgliedern des wissenschaftlichen Beirats für ihre außerordentlich hilfreichen Vorschläge und ihr offenes Ohr für alle Sorgen danken, nämlich den Herren:

Prof. Dr. G. Hildebrandt, Marburg,
Prof. Dr. A. Lipsmeier, Hagen und
Dr. P. Matthiessen, Herdecke.

Grundlage dieser Handreichung ist der vierbändige Endbericht über die Forschungs- und Entwicklungsarbeiten des Hof Sondern, der bei der Akademie für Sozialtherapie Wuppertal e.V., Am Kriegermal 3a, 42399 Wuppertal, eingesehen werden kann.

Parallel zu dieser Handreichung sind aus dem Projekt zwei weitere Bände hervorgegangen, auf die ausdrücklich verwiesen sei, nämlich:

Sozialtherapeutische Akademie Sondern (Hrsg.), Die Gestaltung von Arbeitsverhältnissen für psychisch Behinderte in Übergangseinrichtungen und Betrieben, in Kommission beim Verlag am Goetheanum, Dornach, und dies., Dauerarbeitsplätze für Menschen mit psychischen Behinderungen. Ein Erfahrungsbericht. ebd., 1986. (Siehe Seite 189.)

Inhaltsverzeichnis

Vorwort 9

I. Teil
Arbeit als Mittel der Rehabilitation 15
1. Psychische Behinderung 15
2. Rehabilitation durch Arbeit 34
2.1 Einige grundsätzliche Bemerkungen 34
2.2 Genauere Untersuchung der Lernchancen in der Arbeit 41
2.3 Gibt es Unterschiede der rehabilitativen Wirkungen unterschiedlicher Arbeitsinhalte? 54

II. Teil
Praktische Gesichtspunkte zur Einrichtung von Werkstätten für die Rehabilitation durch Arbeit 69
1. Die sachlichen Voraussetzungen und Gegebenheiten der Werkstätten für die Rehabilitation durch Arbeit 71
   a) Zu den Gebäuden und Ausstattungen 71
   b) Zur technischen Ausstattung der Werkstätten 72
   c) Zur Auswahl der Arbeitsbereiche 76
   d) Zur Problematik der Handwerke 78
   e) Spezialisierte Arbeit und der Gedanke der Ausgewogenheit der Werkstätten (Auswahl von Arbeitsaufträgen) 79
2. Ordnung und Gliederung der funktionellen Zusammenhänge in den Werkstätten 85
   a) Zum täglichen Arbeitswechsel 85
   b) Wechsel der Werkstatt im Reha-Verlauf 87
   c) Die Stufung des Werkstattdurchgangs 88
      Die Eingewöhnungsstufe 89
      Das Lernjahr 93
      Die Übergangszeit 96

d) Hilfe zur Transparenz der Einrichtung: Konferenzen	98
e) Regelung der Arbeitszeit	100
f) Bezahlung der Betreuten	102

III. Teil
Hinweise für den Arbeitsleiter, sein Verhalten und die Einrichtung seiner Werkstatt — 107

1. Vorbemerkung — 107
2. Grundbedingungen einer »lernförderlichen« Organisation der Arbeit — 111
3. Zur Diagnose von Handlungsproblemen der Betreuten: Was ist für wen gut? — 118
   a) Beobachtungsschulung für die Betreuer — 118
   b) Diagnose von Handlungsproblemen der Betreuten — 119
   c) Vergleich von Anforderungen der Arbeit mit Problemen der Betreuten — 121
   d) Wo steht der Betreute in seiner Lernentwicklung? — 125
4. Von unterschiedlichen Lernformen und ihren Einsatzmöglichkeiten im Rahmen der Rehabilitation durch Arbeit (nach E.-U. Wehle) — 131
   a) Lernen durch Nachahmung — 131
   b) Übendes Lernen — 134
   c) Lernen nach Regeln und Erklärungen — 136
   d) Das entdeckende Lernen — 138
   e) Das Lernen durch die Gemeinschaft — 144
5. Eine zentrale Aufgabe des Arbeitsleiters: Gestaltung des Arbeitsarrangements — 152
   a) Was ist das »Arbeitsarrangement«? — 152
   b) Arbeitsarrangement und Rehabilitationschancen der Arbeit — 155
   c) Arbeitsarrangement und Entscheidung — 163
   d) Beispiele für die Dosierung der Selbständigkeit durch das Arbeitsarrangement — 168
6. Was sollte der Arbeitsleiter tun, wenn ... — 178

Vorwort

An die Werkstätten von Rehabilitations- und Übergangseinrichtungen richten sich heute sehr unterschiedliche Erwartungen. Die Kunden und Auftraggeber verlangen gute und pünktliche Erledigung der Aufgaben, für den Kostenträger steht die Wirtschaftlichkeit der Werkstatt im Mittelpunkt und für diejenigen, die dort arbeiten, stellt sich oft die Frage nach einer Aufbesserung ihrer Finanzen durch die Arbeit. So wichtig diese Gesichtspunkte auch zweifellos sind, so spielen sie doch in der vorliegenden Handreichung nur eine sehr untergeordnete Rolle. In den folgenden Texten soll vielmehr davon ausgegangen werden, daß die praktische Arbeit in den Einrichtungen in der Hauptsache als *Mittel der Rehabilitation* dienen soll.

Arbeit als Mittel der Rehabilitation

Der Sinn der Arbeit in der Übergangseinrichtung wird deshalb nicht in erster Linie in der Herstellung bestimmter Produkte oder in der Verrichtung bestimmter Dienste gesehen. Es geht auch über die klinische Aufgabe des »Arbeitstrainings« — der Vorbereitung auf dauerhafte berufliche Tätigkeiten — hinaus. Diese inhaltlichen Aufgabenstellungen werden hier nur als Voraussetzung und Hilfsmittel betrachtet, um etwas ganz anderes zu erreichen, nämlich die Förderung der persönlichen Entwicklung eines behinderten Menschen und seine Wiedereingliederung in ihn tragende gesellschaftliche Zusammenhänge.

Dieser geänderte innere Sinn des Arbeitseinsatzes muß sich auch in dessen Gestaltung und Handhabung durch die Mitarbeiter in den Arbeitsbereichen der Einrichtungen für psychisch behinderte Menschen niederschlagen, die wir in Folgendem — etwas abweichend von der üblichen Bezeichnung — »Arbeitsleiter« nennen wollen. Diese Reha-Fachkräfte, Arbeitspädagogen oder Gruppenleiter sind die Adressaten dieser Schrift. Sie sind im Sinne des hier dargestellten Ansatzes nicht nur »Werkmeister«, die für den reibungslosen Ablauf eines Produktionsprozesses Sorge tragen müssen, sondern werden zum Begleiter und Helfer des persönlichen Entwicklungs- und Stabilisierungsprozesses der Betreuten. Für diese Aufgabe steht dem Arbeitsleiter ein bestimmtes Instrumentarium — eben die Arbeit — zur Verfügung. Seine Aufgabe ist die »Rehabilita-

Aufgabe der vorliegenden Handreichung

tion durch Arbeit«, dafür ist er Fachmann. Das aber heißt, daß er nicht nur diese Arbeit fachlich beherrschen, sondern sie zugleich auch unter rehabilitativen Gesichtspunkten einsetzen können muß. Für letzteres soll ihm der folgende Text Anregungen und praktische Arbeitshilfen bieten. Er soll ihm im Sinne einer Handreichung oder eines praxisbezogenen Lehrbuchs vor allem helfen,

o die möglichen Beiträge seiner Arbeit für die Rehabilitation psychisch behinderter Menschen zu erkennen;
o die Einrichtung von Werkstätten unter Gesichtspunkten der Rehabilitation durch Arbeit zu treffen;
o die Arbeit als »Rehabilitationsmittel« wirksam zu handhaben.

Nicht »Reha zur Arbeit« sondern »Reha durch Arbeit«

Um Mißverständnissen vorzubeugen, sei eine grundsätzliche Klärung gleich vorweg versucht: Wenn wir hier von »Arbeit als Rehabilitationsmittel« sprechen, dann haben wir dabei weniger die Rehabilitation *zur* Arbeit im Auge als die Rehabilitation *durch* Arbeit. Das heißt, bei der Rehabilitation nach unserem Verständnis geht es nicht in erster Linie darum, die Betreuten wieder so leistungs- und arbeitsfähig zu machen, daß sie nach Möglichkeit in einigermaßen angepaßten »normalen« Arbeitsverhältnissen bestehen können. Die folgenden Texte enthalten also keine Anweisungen für ein »Arbeitstraining« in diesem Sinne.

Ziele der Rehabilitation

Es geht *nicht* um »Berufsförderung«, auch nicht um Sonderausbildungen oder die Frage, wie die Werkstätten eingerichtet sein müssen, um das Rest-Arbeitsvermögen der Betreuten nutzen zu können o. ä., sondern um die Einrichtung von Arbeitsbereichen und -formen unter dem Gesichtspunkt ihres optimalen Beitrags zur individuellen Rehabilitation. Unter »Rehabilitation« wollen wir dabei einen inneren Prozeß der *persönlichen Stabilisierung des psychisch behinderten Menschen* verstehen, in dessen Verlauf dieser Mensch lernt,

— sein tatsächliches Handeln immer mehr bewußten eigenen Motiven und Im-

pulsen unterzuordnen und es in Beziehung zu anderen Menschen zu stellen, (Selbständigkeit, eigenverantwortliches Leben);
— eine (neue) Lebensperspektive zu entwickeln, in der die eigene psychische Erkrankung als biographische Tatsache akzeptiert, produktiv verarbeitet und in der mit eventuellen Krankheitsresten, Rückfallgefahren usw. angemessen umgegangen wird;
— mit anderen Menschen zusammen zu leben und zu arbeiten auf der Grundlage gegenseitiger Anerkennung individueller Besonderheiten, und schließlich
— einen individuell angemessenen Platz in der Gesellschaft zu finden oder sich zu schaffen.

Rehabilitation wird in den folgenden Kapiteln also niemals als eine Art oberflächliches »Anpassungstraining« verstanden, sondern immer als ein auf die Bildung von grundlegenden Fähigkeiten gerichteter Prozeß der Persönlichkeitsentwicklung. Und es gibt in diesem Verständnis auch keine fest vorgegebenen Rehabilitationsziele, zu denen die Betreuten gebracht werden müßten, sondern das konkrete äußere Ergebnis der Rehabilitation hängt vollkommen vom einzelnen Menschen ab, von den individuellen Gegebenheiten und Entwicklungsmöglichkeiten. Für den einen besteht das Ziel der Rehabilitation z. B. durchaus berechtigt darin, möglichst seine früheren Arbeitsaufgaben, denen er sich vor der Erkrankung widmete, wieder ausführen zu können, während es für einen anderen ebenso richtig sein kann — da seinem persönlichen Schicksal angemessen — bestimmte, auf ihn zugeschnittene Aufgaben in einer beschützenden Daueinrichtung zu finden und zu übernehmen. Rehabilitation in diesem Sinne verläuft also nicht, wie man sagt, »zielorientiert«, sondern »personzentriert«. Sie kann deshalb — dies sei als Konsequenz gleich angefügt — nie generell angelegt sein, sondern muß immer auf den individuellen Menschen abgestimmt und für jeden in ihrer Ausgestaltung verschieden sein. Die oben genannten allgemeinen Rehabilitationsziele müssen erst für jeden einzelnen Menschen interpretiert und individuell ausgestaltet werden.

Rehabilitation als Persönlichkeitsentwicklung

Übersicht über den Aufbau der Handreichung

Die vorliegende Handreichung enthält Hinweise und Anregungen, wie man in Rehabilitationseinrichtungen für psychisch Behinderte Arbeit so gestalten und handhaben kann, daß sie im Sinne dieses Rehabilitationsverständnisses wirksam wird. Diese Art, die Arbeit in Übergangseinrichtungen einzuführen oder anzusehen, mag für manchen ungewohnt und vielleicht schwer verständlich sein. Deshalb haben wir diesen Aspekt im I. Teil der Handreichung etwas ausführlicher zu begründen versucht, und zwar stets in der praktischen Absicht, den Arbeitsleitern Hilfen an die Hand zu geben, wie sie selbst die rehabilitativen bzw. »persönlichkeitsstabilisierenden« Wirkungschancen ihrer Arbeit genauer untersuchen und bestimmen können.

Im II. Teil der Handreichung geht es um konkrete Fragen der Einrichtung von Werkstätten im Sinne der »Rehabilitation durch Arbeit«: Wie muß die Arbeit beschaffen sein, damit sie unter den hier interessierenden Gesichtspunkten wirksam werden kann? Welche Arbeiten kommen überhaupt in Frage? Welche Werkstätten braucht eine Einrichtung, die in diesem Sinne arbeiten will? Wie sollte der Prozeß der Rehabilitation durch Arbeit im einzelnen organisiert sein?

Der III. Teil wendet sich unmittelbar an den einzelnen Arbeitsleiter, der ja in der Regel nicht mehr bestimmen kann, welche Art von Arbeit er aufgreifen möchte, sondern für den die Frage eher lautet, wie er mit seinem nun einmal inhaltlich gegebenen Arbeitsbereich oder seiner vorgefundenen Werkstatt umgehen soll. Dementsprechend geht es hier nicht mehr um den Vergleich verschiedener Arbeitsinhalte, sondern um Fragen der *Methode* des Arbeitseinsatzes. Dafür werden allgemeine methodische Grundsätze erarbeitet und es wird der Frage nachgegangen, wie der Arbeitsleiter herausfinden kann, welche Arbeit für wen gut ist. Weiter soll der Arbeitsleiter in die Handhabung der wichtigen Gestaltungsmöglichkeiten seines Arbeitsbereichs — der technischen Ausstattung, der Arbeitsteilung, der (sozialen) Arbeitsorganisation und seines eigenen Arbeitsverhaltens — im Hinblick auf die damit zu erzielenden unterschiedlichen rehabilitativen Wirkungen eingeführt werden. Den Abschluß bilden Beispiele und Vorschläge für den konkreten Umgang mit charakteristischen Problemen und Schwierigkeiten der Betreuten.

Ergänzend dazu sei auf den ebenfalls von der Sozialtherapeutischen Akademie Sondern e. V. herausgegebenen Band »Die Gestaltung von Arbeitsverhältnissen für psychisch Behinderte« hingewiesen. Dieser Forschungsbericht enthält einige exemplarische Analysen von Arbeitsbereichen unter Rehabilitationsgesichtspunkten, die zum einen bei Auswahl und Ausgestaltung von Arbeitsbereichen für eine Rehabilitationseinrichtung Anregungen geben können und zum anderen beispielhaft vorführen sollen, wie man solche Arbeitsfelder »persönlichkeitsförderlich« aufschließen kann. Acht Arbeitsfelder werden dort untersucht, nämlich Landwirtschaft/Garten, die Handwerke Holz, Metall, Ton, Küche und Hauswirtschaft, eine Lebensmittelverarbeitung und ein Beispiel einer stark arbeitsteiligen Gruppenarbeit.

Exemplarische Arbeitsanalysen

Die Ansätze und Beispiele unserer Handreichung entstammen den langjährigen praktischen Erfahrungen mit dieser Rehabilitation durch Arbeit auf Hof Sondern, einer Übergangseinrichtung für psychisch Behinderte am Stadtrand von Wuppertal. Hier wurde über drei Jahre hin ein entsprechendes Forschungsprojekt durchgeführt, gefördert durch das Bundesministerium für Forschung und Technologie, im Rahmen des Programms »Humanisierung des Arbeitslebens«. Auf der Grundlage dieses Projekts ist diese Arbeitshilfe entstanden.

I. Teil

Arbeit als Mittel der Rehabilitation

1. Psychische Behinderung

In diesem Teil wollen wir uns mit den Zusammenhängen und Möglichkeiten der Rehabilitation durch Arbeit beschäftigen, so daß dadurch für die Praxis diese Zusammenhänge greifbarer und anwendbar werden. Bevor wir ihre rehabilitativen Wirkungen betrachten, müssen wir uns mit dem befassen, was die Rehabilitation überhaupt nötig macht, nämlich mit der »psychischen Behinderung«. Für jeden, der in der Rehabilitation psychisch Behinderter arbeitet, ist es erforderlich, zu erkennen, wie solche Behinderungen in Erscheinung treten, worin sie sich äußern und was daraus für die Aufgabe der Rehabilitation folgt.

Was ist psychische Behinderung?

Leider findet sich in den wissenschaftlichen Fachveröffentlichungen nirgends eine präzise Beschreibung dessen, was man unter »psychischer Behinderung« verstehen soll. Unter diesem Begriff werden vielmehr höchst uneinheitliche, vielschichtige Probleme und Verhaltensweisen zusammengefaßt. Eines der wenigen durchgängigen Merkmale wird in folgendem gesehen:

Zum Begriff der »psychischen Behinderung«

> »Während Körper- oder Schwerbehinderte in ihrer Fähigkeit, Aufgaben der physischen Umwelt zu bewältigen, eingeschränkt sind, sind seelisch behinderte Menschen nicht in der Lage, bestimmte Aufgaben oder Rollen in der sozialen Umwelt so auszuführen, wie ihre Umgebung oder sie selbst das erwarten.«[1]

Dies ist zweifellos eine sehr allgemeine Formulierung, die auf weit mehr Menschen zutrifft als die Klienten von Übergangseinrichtungen. Diese haben in der Regel ein weiteres Merkmal gemeinsam, nämlich daß ein längerer Aufenthalt in einer psychiatrischen Klinik und/oder eine intensive psychiatrische Behandlung vorausging. Es handelt sich also um Menschen, die an einer seelischen Erkrankung litten und deren Leben sich deswegen zeitweise außerhalb der sonst

Zentrale Merkmale psychischer Behinderung

---

[1] Nationale Kommission für das Internationale Jahr der Behinderten, Schlußbericht der Arbeitsgruppe 11: Besondere Probleme einzelner Behindertengruppen, Stuttgart 81, S. 23.

geltenden gesellschaftlichen Bezüge abspielte. Zwar sollen sie, wenn sie in eine Übergangseinrichtung vermittelt werden, so weit wiederhergestellt sein, daß sie nicht mehr stationär behandelt werden müssen. Aber anders als bei geheilten körperlichen Krankheiten bedeutet dies nicht, daß sie ohne weiteres dort ihr Leben fortsetzen können, wo sie zum Zeitpunkt der Erkrankung standen:

Veränderung der früher gewohnten Lebensbezüge

o In aller Regel sind die Betreuten so weit in ihrer Lebensplanung aus dem Gleichgewicht gekommen, daß sie nicht mehr an ihre früheren Perspektiven anknüpfen können, zumal dies oft auch wegen drohender Rückfallgefahren vermieden werden sollte. Damit wird eine berufliche Neuorientierung notwendig, häufig auch eine private.

o Die Entlassung aus der Klinik bedeutet keineswegs, daß alle Symptome und Störungen überwunden wären. Oft sind nur die auffälligen Symptome beseitigt und ein »stabiler« Zustand nur durch ständige, kontrollierte Einnahme von Medikamenten erreicht worden. Häufig bleiben massive Krankheitsreste, die den ehemaligen Patienten deutlich beeinträchtigen, aber klinisch nicht veränderbar erscheinen.

o Schließlich muß jeder ehemalige psychisch Kranke mit dem unbestimmten (und oft genug tatsächlich bestätigten) Risiko eines Rückfalls leben, ja für viele gehören wiederkehrende Klinikaufenthalte sogar zu prägenden Faktoren ihres zukünftigen Lebens, auch wenn sie den jeweiligen Zeitpunkt des Rückfalls nicht kennen.

Der Kern psychischer Behinderung

Dies sind die wichtigsten Beeinträchtigungen und zentralen Lebensprobleme der Klienten in Übergangseinrichtungen. Sie bedeuten, daß diese Menschen im Grunde lernen müssen, neu zu leben bzw. ihr Leben unter stark veränderten Bedingungen zu führen. Dabei sind sie aber gerade durch Krankheitsreste, soziale Probleme und Medikamentenwirkungen z. T. außerordentlich stark daran gehindert, dies aus eigener Kraft zu schaffen. In der persönlichen *Beeinträchtigung der inneren Fähigkeit zum selbständigen, selbstbewußten Handeln* sehen wir den *Kern der »psychischen Behinderung«*. Unabhängig davon, wo letztlich die Ursachen dafür liegen mögen, ist dies der gemeinsame Nenner, der sich in all den unübersehbar vielen Erscheinungsformen psychischer Behinderung wiederfindet.

Das selbständige, selbstbewußte Handeln kann aus sehr vielen verschiedenen, in der Person liegenden Gründen beeinträchtigt sein, die der Werkstattleiter selbstverständlich genau kennen muß, wenn er die rehabilitativen Chancen seiner Werkstatt bestimmen und gezielt zum Tragen bringen will. Bei dem einen Patienten scheitert es vielleicht daran, daß er nicht länger als fünf Minuten an seiner Sache bleiben kann, beim anderen liegt eher das Gegenteil vor, nämlich eine tiefgreifende Lähmung seiner Gedanken, Gefühle und Entschlüsse usw. Entsprechend unterschiedlich müssen die möglichen Hilfen und Lernschritte aussehen. Wie kann man eine gewisse Ordnung und Übersicht in die Vielfalt der Erscheinungen und Gründe psychischer Behinderungen hineinbekommen?

Vielfalt der Erscheinungsformen psychischer Behinderungen

In gewisser Hinsicht läge es nahe, bei den klinischen Krankheitsbildern anzusetzen, und es wäre recht bequem, wenn man genau wüßte, welche Störungen bei einem ehemaligen Schizophrenen, bei einem Manisch-Depressiven oder einem Zwangsneurotiker vorliegen. Leider ist das aus mehreren Gründen nicht möglich:
— Meist sind jene klinischen Krankheitsbilder für den Arbeitsleiter zu vage und unklar und lassen im Einzelfall keine eindeutigen Diagnosen zu.
— Sie erfassen in aller Regel nicht beobachtbares Verhalten der Betreuten, sondern sie kristallisieren sich um bestimmte Zentralsymptome der Krankheit.
— Schließlich — und für unseren Zusammenhang am wichtigsten — bezeichnen sie Erscheinungen der akuten Erkrankung und gerade nicht solche der verbleibenden seelischen Behinderung. Beides muß jedoch klar auseinandergehalten werden.

Klinische Bilder ungeeignet zur Ordnung der Behinderungen

Die Übergangseinrichtung ist eben keine psychiatrische Klinik und eine psychische Behinderung ist nicht einfach die Fortsetzung der Erkrankung, sondern ein ganz eigener Problemkreis. Darüber hinaus treten verbleibende Krankheitssymptome in der Nachsorge häufig gar nicht mehr in Erscheinung, weil durch die heute üblichen Medikamente gerade die Zentralsymptome der Krankheit oft verschwinden. Auf der anderen Seite führen viele medikamenten-bedingte Einflüsse zu Reaktionen und Behinderungen, die gar nicht für bestimmte Krankheitsbilder typisch sind (z. B. eine unspezifische »Dämpfung«).

In unserer Übergangseinrichtung hat sich der Versuch nicht bewährt, zum Verständnis der Betreuten auf die psychiatrischen Krankheitsbilder zurückzugreifen. Stattdessen schlagen wir zur Diagnose der psychischen Behinderung einzelner Betreuter durch die Arbeitsleiter einen anderen, wie wir meinen praxisnäheren Weg vor:

Voraussetzungen selbständigen Handelns

Wir haben oben gesagt, daß der Kern psychischer Behinderung in der inneren Beeinträchtigung der Fähigkeit zum selbständigen und selbstbewußten Handeln liegt. Fragen wir einmal umgekehrt nach den »gesunden« Konstitutionen: Was sind denn die persongebundenen Voraussetzungen für ein *nicht* beeinträchtigtes, selbständiges und selbstbewußtes Handeln? Ganz pragmatisch kann man davon ausgehen, daß in der Konstitution des gesunden erwachsenen Menschen dafür vier verschiedene Bedingungen und Prozesse zusammenspielen müssen:

Ich-Impulse

Die erste Voraussetzung besteht darin, daß der Mensch selbstverständlich in der Lage sein muß, sich selbst als Person, als Individualität zu erfahren, die aus eigener Kraft Erfahrungen verarbeiten, Entschlüsse fassen, Prozesse in Gang setzen kann, die sich von der Umgebung bewußt loszulösen vermag, die nicht nur zwangsläufig Funktionen vollziehen muß, sondern verändernd eingreifen kann, die eigenständig Ideen bilden, Ziele ergreifen, sich Aufgaben setzen kann. Zum selbständigen Handeln muß also eine *persönliche Identität* gegeben sein, müssen bewußte »*Ich-Impulse*« wirksam sein.

Überall da, wo diese Ich-Impulse konkret tätig werden, bedienen sie sich bereits der Kräfte und Fähigkeiten einer zweiten konstitutionellen Schicht: Das Ich verarbeitet denkend auf dem Hintergrund seiner übergreifenden Orientierungen und Impulse Ideen und Gesetze, innere Empfindungen, Erlebnisse und Gefühle. Es setzt sich mit Lust und Unlust auseinander, begegnet Sympathien und Antipathien, trifft auf Triebe, Instinkte und Leidenschaften, die es zu ihm gemäßen Handlungsantrieben erst umbilden muß, usw. Diese Kräfte sind nicht selbstverständlich verfügbar, sondern führen ein ganz erhebliches *Eigenleben*. Es handelt sich um die den Ich-Impulsen gegenüber zunächst eigenständig wirksame Schicht der *innerseelischen Kräfte und Motive*. Diese Prozesse verlaufen in der Regel halbbewußt oder träumend, sie können aber mit Bewußtsein durchdrungen werden. Beim selbständigen Handeln kommt es darauf an, daß die innerseelischen Kräfte und Motive vom »Ich« ergriffen und für seine Ziele verfügbar gemacht werden. Insofern verlieren sie ihr Eigenleben und werden den Ich-Impulsen untergeordnet.

Innerseelische Kräfte und Motive

Die dritte Bedingungsschicht des Handelns ist schwieriger zugänglich, weil sie uns selbst normalerweise nicht bewußt ist. Sie wird uns dann bewußt, wenn besondere Widerstände und Hindernisse auftreten, oft nur, wenn andere uns darauf aufmerksam machen.

Funktionelle Vorgänge

Ein gutes Beispiel für diese Schicht der Handlungssteuerung bietet das Autofahren. Während man in den ersten Fahrstunden meist furchtbar schwitzt, mit Gang, Kupplung und Gas völlig durcheinanderkommt, vor lauter Konzentration auf das langsame Einkuppeln vergißt, in den Rückspiegel zu schauen und auf die Lenkung zu achten hat, gehen alle diese Funktionen nach einiger Zeit des Übens »wie von selbst«. Man denkt gar nicht mehr darüber nach, wo der erste Gang liegt, wie man das Gas dosiert und daß man die Handbremse rechtzeitig löst, sondern alle diese Teilschritte greifen reibungslos ineinander, fast »automatisch«. Das Handeln wird hier aus einer Schicht gesteuert, in der »unterbewußte« Prozesse ablaufen (die etwa beim Autofahren in dem Moment bewußt werden können, in dem man zum ersten Mal z. B. in einem Wagen mit Fünfganggetriebe sitzt und andauernd die Gänge suchen muß oder sich verschaltet).

Es handelt sich um diejenigen Handlungsimpulse, die uns »*in Fleisch und Blut*« *übergegangen* sind, d. h. um *Gewohnheiten*, um das, was sich an Verhaltensweisen »eingeschliffen« hat, auch Eigenheiten, die »typisch für einen« sind. Solche »Habitualisierungen« entlasten und stützen das Handeln, weil wir nicht ständig jede kleinste Regung bewußt ausführen können (etwa das Heben/Tragen/Senken des Fußes beim Gehen), aber sie bergen auch die Gefahr einer, dem ichhaften Wollen nicht mehr ohne weiteres zugänglichen Verselbständigung, die uns dann bewußt wird, wenn wir »spontan« etwas getan haben, was wir »eigentlich« gar nicht wollten. Z. B. kann sich jemand hundertmal vornehmen, in bestimmten Gesprächssituationen Ruhe zu bewahren, sich nicht provozieren zu lassen — und doch geschieht es ihm immer wieder, daß er sich aufregt und »hochgeht«. Zu dieser Schicht der Handlungssteuerung gehören die Temperamente, die verdrängten Erfahrungen und Erinnerungen, auch die Prägung durch einen bestimmten »Stil«, die »aufbewahrte Vergangenheit«. Es handelt sich hier um grundlegende persönliche Ordnungsstrukturen (»Deutungsmuster« usw.), nach denen man spontan und unwillkürlich reagiert. Hierher gehören auch das Zeitbewußtsein und ebenso alle vegetativen Körperfunktionen und Lebensprozesse, die z. T. die physiologischen Grundlagen für die Gewohnheitsbildung, aber auch für Empfindungen und Triebe abgeben. Diese Handlungsschicht bildet in der Regel einen sich tragenden, unbewußten Funktionszusammenhang, der in der Lage ist, den Organismus reaktionsfähig und am Leben zu erhalten, auch ohne daß eine der »höheren« Schichten aktiv beteiligt wäre. Wir nennen diese deshalb die Schicht der »*funktionellen Vorgänge*«. Sie hat insofern deutlich zwei Seiten, als sich diese Ordnungs- und Funktionszusammenhänge einerseits mehr seelisch äußern (Temperament, Gewohnheiten usw.), andererseits mehr organisch (im formerhaltenden Wachstum z. B.). Dennoch halten wir es für sinnvoll, hier von *einer* Schicht zu sprechen, weil es uns auf den Gesichtspunkt des Funktionszusammenhangs, *des sich in seinen Wirkungen selbst erhaltenden Systems* ankommt.

Schließlich gehört zum selbständigen Handeln, das in der Außenwelt wirksam sein soll, auch, daß der Mensch Arme und Beine hat, daß Knochenbau, Muskeln, Sehnen und die inneren Organe intakt, die Sinnesorgane vorhanden sind. Es müssen also auch *körperliche Voraussetzungen* gegeben sein als stofflich-materielle Grundlage aller Handlungen. Diese körperlichen Voraussetzungen beschränken oder ermöglichen — je nach ihrem Vorhandensein oder ihrer Ausprägung — die »Verwirklichung« aller Intentionen und Impulse der anderen Schichten. Wo sie fehlen, etwa im Falle einer Körperbehinderung, können auch ihre Impulse nicht oder nur bedingt umgesetzt werden.

Körperliche Voraussetzungen

Diese vier Ebenen spielen bei jeder selbständigen, bewußten Handlung zusammen, und zwar so, daß einerseits über die körperliche Voraussetzung Sinneswahrnehmungen aufgenommen werden und im Falle vollbewußten Handelns bis zu den Ich-Impulsen alle Stufen durchlaufen, und daß andererseits Impulse und Handlungsentschlüsse, die das »Ich« faßt, eine Schicht nach der anderen ergreifen müssen, damit es tatsächlich zur entsprechenden äußeren Handlung kommt.

Zusammenspiel der Schichten

Ein praktisches Beispiel kann den Zusammenhang dieser Schichten der Handlungsregulation verdeutlichen. Wenn ein Mensch eine gewisse Ich-Schwäche hat, so kann es vorkommen, daß er sich dauernd über einen Vorgesetzten ärgert, aber ihm nicht mit Bestimmtheit und Selbstbewußtsein — also aus seinen Ich-Impulsen heraus — entgegentreten kann. Die Folge ist, daß es in der Schicht der innerseelischen Kräfte und Motive zu Störungen kommt, z. B. zu Überempfindlichkeit, Erregbarkeit usw. Im weiteren Verlauf kann es zu Komplikationen bei den funktionellen Vorgängen kommen, die sich bis in den vegetativen Bereich bemerkbar machen (Rhythmusstörungen, Schlafstörungen, funktionelles Magengeschwür). Hält der Zustand an, kommt es vielleicht zu einem tatsächlichen (somatischen) Magengeschwür, also zu einer Zerstörung am Organ.

Dieses Beispiel zeigt, daß auch in alltäglichen und »normalen« Situationen selb-

| Störungen | ständiges und selbstbewußtes Handeln nicht zustandekommen, sondern mißlingen kann. Z. B. kommt es häufig vor, daß irgendeine Wahrnehmung — etwa ein bestimmtes Wort, das jemand im Gespräch benutzt — bestimmte unterbewußte Erinnerungen, Ängste oder Aggressionen weckt, die zu einer unmittelbaren Ablehnung des Beitrags oder sogar der Person des anderen führen, hingegen eine bewußte, reflektierende, ich-durchdrungene Prüfung seiner Rede womöglich zu völlig anderen Antworten geführt hätte. Hier wurde ein Eindruck aus der Außenwelt aufgenommen, der gar nicht bis zur Ich-Bewußtheit geführt, sondern bereits weit davor durch eine »unwillkürliche«, verselbständigte Reaktion beantwortet wurde. Es kann auch der umgekehrte »Störfall« eintreten, wenn man sich nämlich z. B. aus höherer Einsicht vornimmt, irgendetwas nicht mehr zu tun, etwa das Rauchen zu unterlassen oder sich über einen bestimmten Menschen nicht mehr zu ärgern, und dann in der »Ernstsituation« bemerkt, daß der gute Vorsatz einfach nicht durchzuhalten ist, weil das Bedürfnis zu rauchen oder der Zorn über den anderen sich als viel stärker erweisen. Hier vermag das Ich sich gegen die Eigendynamik der anderen Schichten nicht durchzusetzen. Dieser Konflikt kann selbstverständlich auch so »gelöst« werden, daß sich das Ich den Eigentendenzen der anderen Schichten geradezu anpaßt, indem es Entscheidungen nach Lust oder Unlust trifft oder sich von Sympathien und Antipathien leiten läßt. Viele alltägliche Handlungsprobleme und -konflikte können so mit Hilfe dieser vier Schichten der Handlungssteuerung verstanden werden. |

Zuordnung von Behinderungssymptomen zu den Schichten

Im Falle *psychischer Behinderung* sind diese Probleme nun jedoch erheblich gravierender. Durch Beobachtung psychischer Behinderungen lassen sich allen vier Schichten der Handlungssteuerung besondere, charakteristische *Störungen* zuordnen, die verhindern, daß der Mensch selbständig und selbstbewußt handelt.

Einige der Verhaltenssymptome »psychischer Behinderung« können zweifellos mit unregelmäßigen körperlichen Voraussetzungen zusammenhängen, wenn jemand etwa eine körperliche Behinderung seelisch nicht recht verarbeiten kann, wenn er etwa unter Kleinwüchsigkeit leidet, oder auch, wenn Organschäden vorliegen, die sich verhaltenswirksam äußern bzw. auf seelische Einseitigkeiten zurückgehen.

Im Bereich der funktionellen Vorgänge finden sich bei Menschen mit psychischen Behinderungen oft erhebliche Störungen und Abweichungen. Zum einen betreffen sie die mehr körperbezogene, vegetative Seite, etwa Störung des Schlaf-Wach-Rhythmus, generell herabgesetztes »Lebensgefühl«, Mattigkeit, Verlangsamung, auch Störung des Kreislaufs usw. Zum anderen handelt es sich um Defizite im Erleben von Prozessen und Abläufen, um vielfältige Einseitigkeiten, etwa im Bereich der Eßgewohnheiten, im Umgang mit Kleidung und Wärme, Übertreibungen bestimmter Haltungen (etwa Pedanterie), Ticks, oder auch auffallende Ausprägungen einzelner Funktionen, etwa des Gedächtnisses für Namen oder Zahlen.

In der Schicht der innerseelischen Kräfte und Motive zeigen sich Überempfindlichkeit im Gefühlsbereich oder Abstumpfungserscheinungen. Man ist humorlos oder übermäßig lustig, findet kein Zuhause, ist heimatlos, kann sich mit Dingen und Menschen gar nicht verbinden oder es fehlt jede Distanz.

Im Bereich der Ich-Impulse zeigt sich eine Überproduktivität oder ein Erlöschen aller Antriebe. Man handelt ohne Besinnung, kann nicht aufrichtig sein usw. Man erlebt sich nicht als Eigenwesen und weiß nicht, daß man selbstgestaltend eingreifen muß, um gesund zu werden. Alles wird von außen, von der Therapie erwartet, und man möchte selbst möglichst wenig dazutun.

Interessanterweise lassen sich diese Störungen *polar* zueinander ordnen als jeweils extreme Möglichkeiten, zwischen denen als Mitte der Zustand der Gesundheit oder Normalität liegt. Die Polaritäten ordnen sich erstaunlich konsistent nach dem Gegensatzpaar starr / kraftlos / verhärtet und andererseits überbeweglich / überschießend / zerfließend:

Polare Ordnung der Behinderungen

Einige Symptome psychischer Behinderung
(als Beispiele und Anregungen)

	Verhärtungs- oder Verdichtungstendenzen	Aufweichungs- oder Auflösungstendenzen
Ich-Impulse	Ich kann alles	Ich kann nichts
	Allmachtsansprüche	Selbstwertverlust
	Sich verschließen	Ohne Grenzen sein
	Maskenhaft	Schamlos
	Ich bin der Maßstab für alles (selbstbefangen)	Ich habe keinen Maßstab, keine eigene Meinung
	Ich tue nur, wozu ich Lust habe	Ich habe zu gar nichts Lust
	Nachtragend sein	Alles vergessend
	Überbewertung der eigenen Erfahrungen	Interesselosigkeit
	Seine Eigenheiten ständig ausleben wollen	Mit sich nicht fertig werden
	Moralisierend	Gewissenlos
	Nicht über seinen Schatten springen können	Alles laufen lassen
Innerseelische Kräfte und Motive	Empfindungslosigkeit	Emotionalität
	Erlebnisarmut, Kälte	Übererregbarkeit
	Begierdenhaft	Antriebslos
	Dumpf	Nervös
	Alles in sich hineinfressen	Unberührt sein
	Erstarrte, zwanghafte Gefühle	Gefühlsunbeherrschtheit
	Zwangsgedanken	Hohe Ablenkbarkeit »kognitives Gleiten«
	Zähflüssiges, verlangsamtes, schematisches Denken	Selbstlaufendes, unlogisches assoziatives Denken

Ticks, Eigenheiten	Eigenschaftslos, profillos	Funktionelle Vorgänge
Eigenbrödler	»Vereinsmeier«	
Stereotype Abläufe	Leicht beeinflußbar	
Ritualisierung	Formlosigkeit	
Erstarrung im Formalen	Beliebigkeit »alles ist zu ändern«	
»Keine Experimente«	»Öfter mal was Neues«	
Vorschriftengläubig	Sich über alles hinwegsetzen	
Pedanterie	Schlampigkeit	
Minutiöse Zeiteinhaltung	Keine Zeitvorstellung	
Härte gegen sich selbst	Triebhaft wehleidig	
Sich verkriechen	Wutanfälle	
Sklerotisch	Aufgedunsen	Körperliche
Versteifungen	Überbeweglichkeit	Voraussetzungen
Sinnfehler	Überempfindlichkeit der Sinne	
Übertriebene Körperpflege	Ungepflegter Körper	

Diese polare Aufzählung von Störungen oder Auffälligkeiten in den vier Schichten der Handlungssteuerung ist selbstverständlich keineswegs vollständig. Wichtig ist uns lediglich, daß es sich dabei nicht um mehr oder weniger abstrakte »Krankheitsbilder« handelt, sondern um *Verhaltensbeeinträchtigungen*, die im täglichen Umgang mit den sogenannten »Psychisch Behinderten« *beobachtet* werden können. Diese Beeinträchtigungen können wir nun als jeweils charakteristische Hindernisse — »Behinderungen« — des selbständigen, selbstbewußten, ich-haften Handelns in den vier Schichten der Handlungssteuerung verstehen. Es kann sein, daß schon im Bereich der Ich-Impulse Befangenheiten und Schwächen auftreten, es kann sich auch um Verselbständigungen oder Lähmungen in der Schicht der innerseelischen Motive handeln, die sich entweder dem Eingriff der personalen Steuerung entziehen oder die die Ich-Impulse über-

Psychische Behinderung als beobachtbare Verhaltenseinschränkung

schwemmen. Eine andere Wurzel der »psychischen Behinderung« kann in der Schicht der funktionellen Voraussetzungen entweder darin liegen, daß personale Impulse nicht mehr gegen die Erstarrungen und Verhärtungen des »Gewohnheitsmenschen« durchkommen (Neurosen!) oder, wieder ganz anders, daß aus diesem Bereich der Gewohnheiten und Routinen zu wenige Entlastungen und Hilfen kommen, so daß das Ich völlig überfordert ist. Schließlich kann das selbständige und selbstverantwortliche Handeln auch deshalb »behindert« werden, weil notwendige Organe und körperliche Funktionen als Werkzeuge nicht zur Verfügung stehen (z. B. Sinnesschäden, Bewegungsstörungen). Hier trifft man auf den Grenzbereich dessen, was man unter »psychischer Behinderung« faßt, und betritt schon das Feld körperlicher (somatischer) Störungen und Behinderungen, die uns hier weniger beschäftigen. Immerhin sollte jemand, der Menschen mit psychischen Behinderungen betreut, diesen Bezirk im Auge haben und stets die Frage zu beantworten suchen, inwieweit bestimmte Verhaltensauffälligkeiten auf körperlichen Einschränkungen beruhen, die u. U. einer entsprechenden Behandlung oder Prothese bedürfen.

<small>Grenze zu körperlichen Behinderungen</small>

Diese vielfältigen Polaritäten von Störungen auf den vier Handlungsebenen erlauben es nun, die psychische Behinderung eines Menschen zu diagnostizieren, gewissermaßen eine »Landkarte« seiner Behinderung anzulegen. Es wird sich in der Praxis zeigen, daß es Menschen gibt, bei denen auf allen vier Ebenen Probleme auftauchen, und andere, bei denen vielleicht nur ein Bereich gestört ist. Ebenso gibt es die unterschiedlichsten Kombinationen und sogar sprunghafte Wechsel zwischen den Polaritäten. Diese Störungen bilden den Hindergrund für viele Verhaltensprobleme, z. B. für Merkwürdigkeiten im Sozialverhalten, oder für Unpünktlichkeit, Unzuverlässigkeit usw. Diese Verhaltensprobleme können durch genaue Beobachtung mit Hilfe unseres Schemas eingeordnet werden.

<small>Diagnose der individuellen Behinderung als »Landkarte« der Handlungsstörung</small>

Die *Rehabilitation* psychisch behinderter Menschen, also die Hilfe zur Wiederherstellung selbständigen und selbstverantwortlichen Handelns in der Gemeinschaft, muß auf der Ebene ansetzen, auf der die Störung diagnostiziert wurde. Sie besteht darin, die gesunde »Mitte« zwischen den beschriebenen Polaritäten herzustellen. Dies ist aber nicht als Zustand zu erreichen, sondern muß stets als *Balanceleistung des Ich des Betreuten* gesehen werden. Das kann man nicht unmittelbar von außen bewirken, sondern nur helfen, daß dieses Ich Gelegenheiten und Übungsfelder findet, die verselbständigten Kräfte und Funktionen in seine ausgleichende und gestaltende Regie zu nehmen.

Zum Ziel der Rehabilitation

Bei genauerem Hinsehen wird deutlich, daß in jeder Polarität im Kern auch eine sinnvolle, notwendige Eigenschaft steckt. Die Kraft zur Introversion hilft ja zweifellos dazu, sich immer wieder auch auf sich zu besinnen, sich von der Außenwelt zu distanzieren, wie die Gegenkraft der Extraversion notwendig ist, um sich für die Welt zu öffnen und sie an sich herankommen zu lassen. Wir treffen hier auf das bedeutsame Phänomen, daß die beschriebenen Polaritäten nur deshalb Störungen darstellen, weil sie vereinseitigt und verselbständigt auftreten und Übersteigerungen von seelischen bzw. funktionellen oder physischen Kräften darstellen, die als solche für Handeln und Leben notwendig sind. Rehabilitation psychisch Behinderter muß darauf hinauslaufen, daß die Person, das Ich, die in jenen polaren Eigenschaften liegenden Kräfte handhaben, sich ihrer zu bedienen, mit dem »positiven Kern«, der in jeder der Polaritäten steckt, wieder umzugehen lernt (d. h. die »Mitte« zwischen den Extremen zu bilden).

Behinderung als »Vereinseitigung«

Was nötig ist, damit dies geschehen kann, ist selbstverständlich in jedem Einzelfall zu bestimmen. Es kann richtig sein, u. U. eine verselbständigte seelische oder funktionelle Tendenz einfach zu unterdrücken, etwa durch entsprechende Medikamente, oder eine Fixierung unmittelbar zu bekämpfen, so daß überhaupt Ansatzpunkte für etwas Neues freigelegt werden. Darüber hinaus geht es in der Rehabilitation psychisch behinderter Menschen darum, daß sie schrittweise Ich-Impulse bilden und über ihre innerseelischen und funktionellen Kräfte verfügen lernen — zum einen von der Stärkung des Ich, zum anderen von der Umbildung und Durchformung dieser seelischen und funktionellen Kräfte

Individuelle Ansatzpunkte der Rehabilitation

aus, die so entwickelt werden müssen, daß sie überhaupt Werkzeuge des gestärkten Ich werden können.

Vier Stufen der Rehabilitation

Entsprechend unserer vier Schichten der Handlungssteuerung und der darin möglichen Behinderungen lassen sich vier Stufen der Rehabilitation unterscheiden:
- Die physische Rehabilitation betrifft die Wiederherstellung oder den Ersatz der körperlichen Handlungsvoraussetzungen: Körperschäden müssen prothetisch ausgeglichen werden, technische Hilfsmittel sind bereitzustellen (wie Brillen, Zahnersatz, Rollstuhl usw.)
- Die Rehabilitation im Bereich der funktionellen Vorgänge besteht einerseits darin, nicht koordinierbare und nicht steuerbare Symptome »wegzutrainieren«, und andererseits darin, Störungen unbewußter Koordinationsleistungen zu beheben, damit sie wieder selbstverständlich und reibungslos gelingen (Gehübungen, Logopädie z. B.). Man kann auch die (Wieder-)Herstellung der zeitlichen und räumlichen Orientierung gezielt üben und Gewohnheiten an- oder abtrainieren.
- Die Rehabilitation in der Schicht der innerseelischen Kräfte und Motive betrifft die Stärkung u. a. der Belastbarkeit, der Konfliktfähigkeit, des Konzentrationsvermögens, der Selbstbeherrschung, des Durchhaltevermögens. Sie schließt auch die »soziale Rehabilitation« ein, die es dem einzelnen ermöglichen soll, sich in soziale Gemeinschaften einzuleben, als Mensch geachtet zu fühlen, Freunde finden zu können usw. Das ist selbstverständlich nicht nur eine Frage des individuellen Verhaltens, sondern auch der Gestaltung der sozialen Umgebung als »Betriebsklima«.
- Rehabilitation in der Schicht der Ich-Impulse bedeutet, seine eigene Identität (wieder) zu erleben, sich seiner selbst, auch der eigenen Lebensmotive und biographischen Situation bewußt zu werden und in sich die Kraft zu entdecken, eigene Entscheidungen zu treffen, Verantwortung zu übernehmen usw. Sie bedeutet auch, die innere Kraft wiederzufinden, sich überhaupt mit etwas zu »identifizieren«, etwas zu seiner Sache machen, letztlich sein eige-

nes Leben annehmen zu können.

Auf der Ebene der Ich-Impulse geht es bei der Rehabilitation um alles, was man nicht von außen verändern kann. Es geht darum, Identität, Individualität, Autonomie, Selbstbewußtsein, Kreativität zu erreichen. Interessanterweise kann man dies von außen nicht aufprägen oder verordnen, weil es ganz von inneren, individuellen Gegebenheiten und Entwicklungsmöglichkeiten abhängt. Wann Identität ausgebildet ist, wie der einzelne seine Autonomie nutzt, kann nicht eingegeben werden, sondern hängt vom Betreuten selbst ab. Der Betreuer kann lediglich Situationen schaffen, in denen diese Ich-Impulse gefordert werden und an diesen Forderungen ausgebildet werden können. Man kann nicht *für* jemand eine Identität anweisen, verordnen oder entwickeln, sondern es hängt allein vom Betreuten selbst ab, ob und wann er sich als mit sich identisch begreift. Er wäre ja nicht autonom, wenn die Autonomie die Wirkung fremder Einflüsse und Handlungen wäre. Aber der Betreuer kann und muß Lerngelegenheiten schaffen, an denen sich Identität und Autonomie entzünden, bestätigen und entfalten, an denen die Person selbst diese Qualitäten ausbilden kann.

Rehabilitation im Bereich der Ich-Impulse

Für Rehabilitationsbemühungen in der Schicht der innerseelischen Kräfte und Motive und in derjenigen der funktionellen Vorgänge gilt dies nicht in gleicher Weise. Hier ist die Aufgabe, Kräfte und Prozesse so zu entwickeln und zu bilden, daß sie für die freiwerdenden Impulse des Ich verfügbar, für dessen Intentionen einsetzbar werden. Letztlich kann nur die Person selbst ihr Denken korrigieren oder ihre Gefühle kontrollieren usw., aber dabei kann von außen geholfen werden. Freilich wird das nicht dadurch gelingen, daß der Betreuer lediglich Vorschläge macht, Vorschriften oder Verhaltensanweisungen erläßt. Auch das »gute Zureden« führt bestenfalls dazu, eventuell noch nicht vorhandene Einsichten in die eigenen Probleme oder Motive für die Veränderung zu wecken (was allerdings bei Erwachsenen notwendige Voraussetzung für das Gelingen der Rehabilitation ist) — bringt aber nicht die nötigen Entwicklungsschritte in Gang.

Rehabilitation in der Schicht des Innerseelischen und Funktionellen

Rehabilitation durch praktische Aufgabenstellung

Stattdessen ist es ein *Grunderfordernis* der seelischen und funktionellen Rehabilitation, praktische Aufgaben *zu stellen, an denen die erforderlichen neuen, ausgeglichenen, aus ihrer Einseitigkeit gelösten Formen und Kräfte des Denkens und Fühlens, der Antriebe, Gewohnheiten, Gedächtnisleistungen usw. sachgemäß erarbeitet und erübt werden können!* Das Gedächtnis kann man nicht dadurch bilden und stärken, daß man dem Betreuten immer wieder seine Vergeßlichkeit vorwirft, sondern man muß ihm konkrete Aufgaben geben, an denen er sein Gedächtnis trainieren kann — etwa indem man mit ihm übt, vor dem Handeln genau zu überlegen, was jetzt zu tun ist, oder eine Handlung mit wachem Bewußtsein zu vollziehen. Ordnung kommt in das Denken nicht dadurch hinein, daß man dem Betreuten etwas über Logik erzählt, sondern dadurch, daß man ihm — auch wenn er sie auf Anhieb nicht lösen kann — Aufgaben stellt, die ohne logisches Denken gar nicht zu lösen wären, z. B. geometrische Konstruktionsübungen. Wilde Gefühlsausschläge oder Dumpfheit sind nicht durch disziplinarische Maßnahmen zu ändern, sondern durch eine praktische Aufgabe, an der das Gefühlsleben tätig kontrolliert oder differenziert werden kann, also z. B. eine Malübung. — Für alles das bietet die praktische *Arbeit*, wie wir noch zeigen werden, einen umfassenden Übungsweg.

Methode der Rehabilitation

Hier wird als Prinzip der Rehabilitation die Konfrontation mit praktischen Aufgaben deutlich, die so ausgewählt und beschaffen sind, daß sie die Auflösung der Fixierungen und ein Umbilden, Entwickeln, Korrigieren der vereinseitigten seelischen Kräfte und funktionellen Vorgänge verlangen und in wiederholten Übungen ermöglichen. Dabei ist es wichtig, daß die Aufgabenstellungen durch sich selbst belehren und aufzeigen, wenn etwas noch nicht richtig gelungen ist. Der Betreuer hat dabei passende, angemessene Aufgaben auszuwählen und einzusetzen, die Ergebnisse durchzusprechen, wo es nötig ist, Mut zu machen oder auf Lücken hinzuweisen. Er kann u. U. dadurch helfen, daß er die Lösung einmal genau vormacht und nachmachen läßt, oder daß er einen Lösungsprozeß schrittweise anleitet, den der Betreute später selbständig nachvollziehen kann. Stets geht es um das Prinzip des angemessenen und schrittweisen

Förderns durch Fordern, wobei der Schwierigkeitsgrad der Forderung selbstverständlich an der Belastbarkeit des Betreuten orientiert sein muß. So werden die seelischen Kräfte durch Anleitung und übende Betätigung allmählich gelockert oder umgebildet, daß sie für die Umsetzung der Ich-Impulse taugen und ihre verselbständigten oder verhärteten Eigentendenzen aufgelöst werden.

Fördern durch Fordern

Für die Rehabilitation psychisch Behinderter geht es somit um zwei Grundfragen:

1. Wie kann man helfend anregen, daß der Betreute sich selbst ergreift, sich seiner Identität bewußt wird und sie — so weit wie möglich — zu betätigen lernt?

2. Wie kann man helfen, daß die innerseelischen Kräfte, Motive und funktionellen Vorgänge so umgebildet werden, daß ihre »Besetztheiten« im Sinne der aufgezeigten Behinderungspolaritäten aufgehoben und für Ich-Impulse des Betreuten verfügbar werden?

Vergleicht man diese Betrachtung mit den Aufgaben des Rehabilitationsprozesses, wie sie einleitend beschrieben wurden, dann wird deutlich, daß damit nur die erste Aufgabe der persönlichen Stabilisierung und Autonomieförderung getroffen wird. Sie ist die Voraussetzung für die beiden weiteren Rehabilitationsaufgaben: die Entwicklung einer realistischen Lebensperspektive und die Förderung der Gemeinschaftsfähigkeit.

Die Kernfrage lautet auf diesem Hintergrund: Welche Hilfsmittel und Instrumente stehen in der praktischen Rehabilitationsarbeit zur Verfügung, um diese großen Aufgaben zu bewältigen? In der »Rehabilitation durch Arbeit«, der wir uns nun zuwenden wollen, liegt ein tragfähiger und perspektivenreicher Ansatz dafür vor.

Zusammenfassung

○ Psychische Behinderung heißt für uns im Kern: Beeinträchtigung der Fähigkeit zum selbständigen und selbstbewußten Handeln.
○ Die Beeinträchtigungen der Fähigkeit zu selbständigem Handeln lassen sich vier verschiedenen Schichten der Handlungssteuerung zuordnen. Es kann sein,
  — daß die Ich-Impulse zu schwach sind;
  — daß die innerseelischen Kräfte und Motive sich verselbständigen bzw. ein Eigenleben führen;
  — daß in der Schicht der funktionellen Vorgänge unbewußte Fixierungen das selbständige Handeln unterlaufen bzw. hilfreiche Gewohnheiten und Koordinationen ausgefallen sind; und
  — daß die physischen Voraussetzungen selbständigen Handelns, insbesondere im Bereich der Wahrnehmung und der Bewegung (Motorik) nicht gegeben sind.
○ Der Arbeitsleiter muß lernen, diese vier Schichten des Handelns zu unterscheiden und Verhaltensprobleme seiner Betreuten danach zu ordnen.
○ Die Rehabilitation hat in jeder der Schichten unterschiedliche Aufgaben und Ziele.
○ Während man Rehabilitation im Bereich der Ich-Impulse nicht von außen verordnen, sondern nur mit Situationen konfrontieren kann, die solche Ich-Impulse hervorlocken, können für die Rehabilitation auf der Ebene der seelischen Kräfte und der funktionellen Vorgänge gezielte Hilfen eingesetzt werden nach dem Prinzip »Fördern durch Fordern«.

Übung:

○ Nehmen Sie irgendeine alltägliche Handlung — z. B. Brotschneiden — und verfolgen Sie Ihren Entschluß durch die vier »Schichten«.
○ Versuchen Sie, persönliche Verhaltensprobleme, die Sie bei sich oder anderen beobachten, nach den vier Schichten der Handlungssteuerung zu ordnen.
○ Versuchen Sie, die vier Schichten wiederzufinden
— in den Einrichtungen und Abläufen Ihrer Werkstatt;
— in Ihrer eigenen Wohnung;
— im Zimmer eines Betreuten!
Was ist da jeweils physisch, funktionell, seelisch und ich-haft?

2. Rehabilitation durch Arbeit.

2.1 Einige grundsätzliche Bemerkungen

Wir haben nun gesehen, wie psychische Behinderung *durch Gliederung* genauer gefaßt, wie sie praktisch bestimmt und verstanden werden kann und was demzufolge die Aufgaben der Rehabilitation sind. So leicht sich diese noch formulieren lassen, so schwer und rätselhaft ist es oft, diesen Aufgaben zu genügen und praktische Rehabilitationsprozesse in Gang zu setzen. Zweifellos gibt es dafür bewährte Methoden im Bereich der Heimbetreuung oder Gruppentherapie. Von diesen wollen wir hier nicht sprechen, sondern uns ausschließlich den Werkstätten und Möglichkeiten der Rehabilitation psychisch Behinderter durch entsprechende *Arbeitstätigkeiten* zuwenden.

Wir wollen uns zunächst der Frage widmen, wieso es überhaupt »Rehabilitation durch Arbeit« geben kann, warum Arbeit — über ihre vielen sonstigen Bedeutungen und Sinnbezüge hinaus — ein Mittel für die Rehabilitation psychisch behinderter Menschen sein kann.

Was tut der Mensch, wenn er hobelt?

Um dies zu verstehen, wollen wir mit einem Beispiel für einen Arbeitsablauf beginnen. Wir wählen eines aus der Schreinerei: Jemand hobelt ein Brett. Wir fragen, welche persönlichen Voraussetzungen er dafür mitbringen, was er dafür *können* muß.

Körperliche Voraussetzungen

Die erste Antwort lautet: Er hat mit bestimmten *physischen Gegebenheiten* zu tun, mit denen er umgehen, die er bewältigen muß: mit dem Werkstoff Holz, der Einrichtung und den physikalischen Bedingungen der Werkstatt, mit verschiedenen Spannmitteln und Meßzeugen, schließlich mit seinem Werkzeug, dem Hobel. Um mit diesen Gegebenheiten zu hantieren, braucht er seinen *Körper* — Beine, Arme, Hände, die Kraft seiner Muskeln, seine Sinnesorgane, seinen ganzen Bewegungsapparat einschließlich der diesem verbundenen

Grundlagen der Atmung und des Stoffwechsels. Als erstes muß also der Körper »einsatzfähig« sein.

Damit allein kommt noch keine Arbeitstätigkeit zustande. Diese setzt voraus, daß Gliedmaßen und Sinnesorgane die Werkzeuge ergreifen und sachgemäß gegen den Werkstoff führen. Es müssen also *Bewegungen* zustande kommen, und zwar nicht irgendwelche, sondern — gerade beim Hobeln — außerordentlich genau geführte und koordinierte. Bekanntlich spielen beim Hobeln nicht nur die richtige Hand- und Körperhaltung eine wichtige Rolle, sondern auch der Bewegungsfluß, die exakt ebene Haltung des Hobels, die genaue Dosierung der Druckverhältnisse auf den Hobel, die Bewegungsrichtung, die Fußstellung usw. Es wird deutlich, daß für diese Arbeit ein verhältnismäßig hoher Grad an Körperbeherrschung, an *Verfügung über den Bewegungsapparat* nötig ist, an innerer Kontrolle und Führung. Dieser Grad an Körperbeherrschung wird bezeichnenderweise nicht theoretisch erlernt, sondern grundsätzlich nur durch oft wiederholtes *Üben*. Und, ebenfalls charakteristisch, ein einigermaßen befriedigender Grad an Können ist dann erreicht, wenn die Hobelbewegung von einem gleichmäßigen *Rhythmus* getragen und der ganze Bewegungsablauf so weit »in Fleisch und Blut übergegangen« ist, daß alle Koordinationsleistungen ins Unterbewußtsein abgesunken und zu *Gewohnheiten* geworden sind, über die man nicht nachdenken muß, sondern die »automatisch« richtig ablaufen. Wie wichtig das Gewohnheitsmoment ist, kann man daran erkennen, daß »schlechte« Gewohnheiten, die den richtigen Bewegungsablauf behindern (etwa wenn man beim Hobeln mit gekreuzten Beinen dasteht), grundsätzlich erst umgebildet, aufgelöst werden müssen, bevor der richtige Arbeitsfluß erreicht werden kann. Dies gilt auch für Handlungsimpulse, die mehr aus dem Temperament des Arbeitenden oder aus sonstigen unterbewußten Untergründen kommen. Zwar kann man in vielen Arbeitsabläufen die Spuren des Temperaments des Arbeitenden erkennen, aber in den wesentlichen Ergebnissen und Abläufen muß das, was getan wird, unabhängig von subjektiven Besonderheiten sein.

Funktionelle Vorgänge

In diesem Zusammenhang spielt noch ein anderer Aspekt eine wesentliche Rolle. Die richtigen Arbeitsbewegungen müssen nicht nur von innen geführt und koordiniert werden, sondern auch *von außen geordnet*. Die zum Hobeln benötigte Kraft etwa ergibt sich nicht nur aus einem inneren Impuls, sondern zugleich aus den äußeren Erfordernissen der Holzhärte. Ähnliches gilt für die Druckverhältnisse und die daraus resultierende Spandicke. Auch die Frage, wann der Hobel »plan« geführt ist, ergibt sich nicht nur aus der inneren Kontrolle, sondern notwendigerweise ebenso aus Lage und Ebenheit des Brettes. Das heißt: Die Arbeitsbewegungen müssen sich den äußeren Ordnungen der Welt eingliedern, sie folgen und gehorchen deren Gesetzmäßigkeiten, berücksichtigen deren objektive Strukturen. Sie ordnen sich den Naturgesetzen und dem ihnen innewohnenden Geist ein; sie müssen Teil dieser höheren, objektiven, der persönlichen Willkür nicht zugänglichen Weltordnung werden.

Innerseelische Kräfte und Motive

Eine dritte Anforderungsebene der Arbeitstätigkeit kommt ins Blickfeld, wenn man einige Zeit gehobelt hat und bemerkt, daß das Ergebnis auf einmal schlechter wird. Man sagt dann vielleicht, daß die Aufmerksamkeit nachgelassen hat, man nicht mehr so konzentriert bei der Sache ist, und gibt sich einen Ruck, um wieder richtig weiterzumachen. Offenbar ist Arbeit nicht nur eine Sache der Bewegung, sondern auch der inneren *Beteiligung* des Arbeitenden, abhängig z. B. von Aufmerksamkeit und Konzentration, also seelischen, bewußt beeinflußbaren Kräften der Zuwendung. Geht man der Entstehung von Fehlern bei der Arbeit nach, entdeckt man oft, daß man für einen Moment »abgelenkt« war, an etwas ganz anderes dachte und der Ärger von vornhin nun dazu führte, daß man über das Sollmaß hinweggehobelt hat. Um richtig zu arbeiten, braucht man *innere Gefühlskontrolle*, Gleichmut, jedenfalls Ausschaltung aller störenden Gefühle, Gedanken, Stimmungen usw. für die Zeit der Arbeit.

Hat man sich ein paarmal »zusammengenommen« und weitergehobelt, kann man u. U. mehr oder weniger bald beobachten, daß zwei andere Reaktionen einsetzen, die ebenfalls zunehmend zu Fehlern bei der Arbeit führen können.

Man wird *müde* und verliert die *Lust*. Das erste ist eine funktionell-körperliche Reaktion, letzteres eine rein seelische. Man mag nicht mehr und bemerkt, daß alle Sympathien, die man anfänglich für diesen angenehmen Werkstoff Holz hatte, in regelrechten Widerwillen umgeschlagen sind, der einem nun die Arbeit nicht mehr von der Hand gehen läßt und zu ihrem Abbruch führen kann. Spätestens dann, wenn im gewohnten Ablauf Hindernisse auftreten — etwa wenn beim Hobeln Späne ausreißen — kann man erkennen, daß nicht nur die Gefühle beteiligt sind, sondern auch das *Denken*, das nämlich helfen soll, derartige Störungen zu identifizieren und die richtige Abhilfe zu finden. Hier wird deutlich, wie bei der Arbeit vielfältige *innerseelische Kräfte und Motive* zusammenspielen und eingesetzt werden müssen.

Schließlich zeigen gerade die letzten Sätze, daß beim Arbeiten noch eine »Instanz« eine Rolle spielt, die darüber *entscheidet*, ob der wachsenden Unlust nachgegeben wird oder nicht, wie lange noch gearbeitet, wann gewechselt, wie der Fehler korrigiert werden soll usw. Diese »Instanz« regelt zugleich die individuelle Art und Weise, wie die Arbeit angegangen wird innerhalb der Sachgegebenheiten (z. B. welches Arbeitstempo man vorlegt). Dies alles hängt mit dem *Grad der Identifikation* mit der Arbeit zusammen. Es ist ein Unterschied sowohl im Arbeitsprozeß als auch im Arbeitsergebnis, ob der Arbeitende das, was er tut, zu »seiner Sache« macht oder nicht, ob er einen gewissen Stolz aus der Arbeit gewinnt, ein Stück Selbstbestätigung, oder ob er sie als »seiner nicht würdig« empfindet. Arbeit muß von *Ich-Impulsen* durchdrungen werden.

Ich-Impulse

Was zeigt diese kurze Betrachtung? Unschwer lassen sich unsere im letzten Abschnitt besprochenen vier Schichten des selbständigen und selbstverantwortlichen Handelns wiedererkennen. Offenbar müssen alle zusammenspielen und ineinandergreifen, so daß einerseits »von unten« Handlungsprozesse und -funktionen geordnet, gerichtet, kultiviert und harmonisiert werden, damit Arbeit zustandekommt, während andererseits »von oben« das Ich, das personale Zentrum, regulierend und steuernd eingreift und über die vielfältigen seelischen und

Zusammenspiel der »Schichten« bei der Arbeit

funktionellen Kräfte, die für die Arbeit mobilisiert werden müssen, verfügt.

Arbeit als Ich-Tätigkeit

Arbeit im Sinne eines zielgerichteten, sinnvoll geordneten Handelns ist immer Ich-Tätigkeit, muß stets von Ich-Impulsen ausgehen und von ihnen gesteuert werden. Sie ist weder unbewußter Reflex noch instinkthafte Reaktion auf äußere Reize noch kann man sie als triebhaften Vollzug oder als Äußerung von Begierden verstehen. Dazu ist sie entweder zu planvoll-überlegt, verlangt zu viel Bewußtsein, ist zu mühsam oder ihr Ergebnis dient auch in der Regel gar nicht eigener Lust. Arbeit setzt vielmehr voraus, daß eine Aufgabe entdeckt, ein spontaner Handlungsvollzug zum Überlegen unterbrochen wurde; daß Entscheidungen über Vorgehensweisen getroffen, bestehende Zustände verändert, menschliche Kräfte intelligent und geschickt eingesetzt werden, daß nichts blind vollzogen, sondern der ganze Vorgang jederzeit unterbrochen und neu gestaltet werden kann, daß Ideen gebildet werden und am Ende etwas Neues, das es bis dahin nicht gab, entstanden ist. Alles das sind Ich-Leistungen, d. h. Betätigungen der schöpferischen, subjekthaften, selbständigen Kräfte und Möglichkeiten des Menschen, der sich in der Arbeit als einer erfährt, der etwas Neues beginnen, Prozesse in Gang setzen oder sie verhindern kann, in der Welt wirksam ist und Spuren hinterläßt, mit denen sich andere auseinandersetzen müssen. So können aus der Arbeit unmittelbar Selbstgefühl und Selbstbewußtsein, »Produktionsstolz« und Ich-Identität erwachsen bzw. erfahren werden.

Arbeit als Betätigung des »ganzen« Menschen

Auf der anderen Seite beansprucht Arbeit tatsächlich den ganzen Menschen, wenn man vorläufig von bestimmten Formen der Arbeitsteilung absieht. Sie ist mühsam und kostet körperliche Kraft, verlangt Geschicklichkeit und scharfe Sinne; sie beansprucht die funktionellen Vorgänge der Geübtheit, der Gewohnheitsbildung ebenso wie die des Rhythmus; ferner fordert sie Wachheit, klares Denken, Gefühlskontrolle und Willenskraft, die Unabhängigkeit von Lust und Unlust so wie die Achtung der Eigengesetze der Gegenstände, mit denen sie umgeht.

Arbeiten und Lernen

Zum Arbeiten müssen die innerseelischen Kräfte und Motive ebenso dem Eingriff des Ich verfügbar und von Fixierungen, Verselbständigungen und

Eigentendenzen befreit sein, wie die funktionellen Verläufe und z. T. sogar die körperlichen Voraussetzungen.

Fast jede Arbeit muß erst einmal *gelernt* werden, d. h. sie setzt einen inneren Veränderungsprozeß bei der arbeitenden Person voraus. Dabei geht es bezeichnenderweise am wenigsten um ein »Lernen« im Sinne einer Ansammlung von Wissen, sondern fast durchgängig um das Lernen im Sinne von inneren Umbildungsprozessen, die den innerseelischen, den funktionellen und auch noch Teile des körperlichen Bereiches erfassen.

Bisher haben wir gesehen, daß Arbeiten dies alles *voraussetzt*, daß man jene Beherrschung und Formung der körperlichen und seelischen Kräfte mitbringen muß, wenn man arbeiten will. Dies vermögen Menschen mit psychischen Behinderungen gerade nicht. Genau darin liegt ja der Grund, weshalb sie so große Schwierigkeiten haben, im »normalen« Arbeitsleben Fuß zu fassen. Und schließlich weiß auch jeder Arbeits- und Werkstattleiter in der Übergangseinrichtung, daß sich die psychische Behinderung seiner Klienten darin ausdrückt, daß sie die beschriebenen Fähigkeiten zur Arbeit *nicht* ohne weiteres einbringen können. Müßte es nicht ganz andere »Therapien« geben, die den Betreuten diese Fähigkeiten vermitteln, aufgrund derer sie wieder »arbeitsfähig« werden?

Diese Überlegung läßt einen entscheidenden Zusammenhang außer Acht. Wie lernt man nämlich normalerweise Hobeln? Oder Schweißen? Nicht durch irgendwelche »therapeutischen« Vorgänge, sondern dadurch, daß man — hobelt und schweißt! Jedenfalls es tätig versucht, praktisch damit beginnt und allmählich immer besser wird. *Arbeiten lernt man nicht anders als durch Arbeiten.* Die Fähigkeiten, die man zur Arbeit braucht, erlernt man dadurch, daß man eben arbeitet — nicht z. B. dadurch, daß man darüber nachliest, Kurse o. ä. absolviert (was nicht ausschließt, daß auch durch ganz andere Tätigkeiten Fähigkeiten gebildet werden können, die man zur Arbeit brauchen kann). Wir stoßen hier erneut auf den elementaren Zusammenhang des »Förderns durch For-

Fördern durch Fordern

dern«: Man lernt bei der Arbeit das, was man dafür braucht.

Übendes Lernen

Uns allen ist selbstverständlich, daß sich z. B. bei der körperlichen Arbeit diejenigen Organe bilden, die für sie gebraucht werden: Beanspruchte Muskeln werden nicht schwächer, sondern stärker; der Bewegungsapparat wird »gelenkiger«, das Lungenvolumen wächst durch Beanspruchung. Genauso trifft das auch für die seelischen und die Ich-Leistungen bei der Arbeit zu. Wenn es jemand nach vielen Versuchen endlich doch schafft, genau auf Maß zu feilen, dann hat er gelernt, sich zu konzentrieren bzw. seine Aufmerksamkeit im richtigen Augenblick auf die richtige Stelle zu richten. Oder jemand, der Probleme hat, weil er leicht ablenkbar, oft lustlos ist, wird diese nicht dadurch überwinden, daß er sich theoretisch über deren Nachteile klar wird (das weiß er meist schon), sondern indem er es immer und immer wieder in entsprechenden Forderungssituationen versucht, sich bewußt Mühe gibt und allmählich diese seelischen Bereiche in den Griff bekommt. Das gilt auch für die Klarheit und Ordnung seines Denkens, ebenso für den Versuch, Ordnung und Ruhe ins Gefühlsleben zu bringen, von spontanen Ausbrüchen unabhängiger zu werden usw. Alle diese Kräfte und Fähigkeiten sind prinzipiell erlernbar und förderbar dadurch, daß sie tätig gebraucht, genutzt, eingesetzt werden. Niemand kann selbstbewußt werden, der sich Situationen gar nicht aussetzt, in denen er selbstbewußt handeln müßte, und niemand erwirbt Mut, Interesse oder Engagement, dessen Mut oder Engagement nicht gefordert sind.

Arbeit als Instrument der Rehabilitation

Genau diesen Effekt wollen wir uns für die Rehabilitation durch Arbeit zunutze machen. Wir haben oben gesehen, daß psychische Behinderung in vielfältigen Formen der Vereinseitigung (im Sinne des Erstarrens oder des Zerfließens) von Kräften und Fähigkeiten auf den vier Ebenen des Handelns besteht, die verhindern, daß die Person ichhaft agieren und ihre konstitutionellen Kräfte ergreifen kann, und daß es für die Rehabilitation darauf ankommt, diese Kräfte dem Ich so verfügbar zu machen, daß es aus seiner Erstarrung oder Verflüchtigung erlöst wird. Beim Arbeiten-Lernen muß genau dies geschehen. Beim Hobeln z. B.

wird einerseits die Bewegungsdynamik, der kraftvolle Armschwung genutzt, aber er wird andererseits geformt und gerichtet durch die mehr hemmende, stauende, zurückhaltende Tendenz. Die »richtige« Bewegung resultiert als Mitte zwischen den Polaritäten; beide Extreme müssen zusammenspielen, um eine geordnete Arbeitsbewegung zu ergeben. Man kann auch die typischen Fehler des Anfängers beim Hobeln nach den beiden Extremen ordnen: die hastige, oberflächliche Bewegung, die kaum Material abnimmt, und die schwere, verkrampfte, die im Holz steckenbleibt, »Badewannen« aushobelt oder Fasern ausreißt statt abschneidet.

Grundsätzlich sind Arbeitssituationen zugleich mögliche *Lernsituationen* für all die Kräfte und Fähigkeiten, die in ihnen gefordert werden. Indem in der Arbeit allgemein die körperlichen, funktionellen und seelischen Kräfte und Fähigkeiten »tauglich« und dem regulierenden, zielgerichteten Verfügen durch das Ich zugänglich sein müssen, ist sie auch ein grundsätzliches Lernfeld dafür. Indem aber — so die entscheidende Schlußfolgerung — in der Arbeit gerade solche inneren Kräfte und Fähigkeiten gefordert werden, die auch (s. o.) Aufgabe der Rehabilitation psychisch Behinderter sind, kann sie als ein Hilfsmittel der Rehabilitation angesehen werden. *Damit aber wird Arbeit zum Rehabilitationsinstrument.*

Arbeitssituationen
= Lernsituationen

2.2 Genauere Untersuchung der Lernchancen in der Arbeit

Bei unserem Hobel-Beispiel haben wir nur den unmittelbaren *Arbeitsvollzug*, die Ausführung der Arbeit betrachtet. Der Arbeitsprozeß besteht natürlich nicht nur aus der Ausführung, sondern viele Schritte gehen voraus und folgen nach. Die rehabilitativen Möglichkeiten der praktischen Arbeit werden in ihrer Fülle erst richtig sichtbar, wenn man alle Schritte und Stufen der Arbeit ins Auge faßt. Dies heißt nicht, daß jeder Betreute sofort alle Arbeitsstufen durchlaufen muß oder an allen in gleicher Weise teilnehmen sollte. Dies zu »dosieren« ist eine der Hauptaufgaben des Werkstattleiters, und im allgemeinen wird es sich empfehlen, einen neuen Mitarbeiter zu Beginn tatsächlich erst einmal mit Ausführungsaufträgen zu betrauen. Aber erstens kann die folgende breitere Untersuchung darauf hinweisen, wo sonst noch — außer in der Ausführung — wichtige Rehabilitationsansätze im Arbeitsprozeß liegen, die der Werkstattleiter nach Möglichkeit nutzen kann, und zweitens zeigt sich bei genauerem Hinsehen, daß jede Arbeitsausführung, jeder einzelne Auftrag — und sei es der, »die Kartoffeln in diesem Eimer zu schälen« — im Kleinen die hier beschriebenen Arbeitsstufen ebenfalls enthält. Erkennt sie der Werkstattleiter, kann er darauf aufmerksam machen bzw. die jeweiligen Phasen besonders betonen, wenn ihm das im Sinne der individuellen Lernziele sinnvoll erscheint.

Will ein Werkstattleiter seine Arbeit in diesem Sinne als Mittel der Rehabilitation psychisch Behinderter einsetzen, kommt es wesentlich darauf an, daß er die dafür wichtigen personbezogenen Lernchancen in der Arbeit kennt bzw. besser: genau zu erkennen lernt. Darum soll es im folgenden Abschnitt gehen.

Im einzelnen hängen diese Lernchancen vor allem von der speziellen Art der Arbeit ab — ob es sich um Landwirtschaft oder Metallverarbeitung handelt, auch von den Arbeitsaufträgen, von den sachlichen, technischen und sozialen Bedingungen der Werkstatt. Angesichts der Komplexität und Vielfalt dieses Gebietes lassen sich grundsätzlich keine fertigen »Rezepte« oder Kataloge vorgeben, aus denen der Arbeitsleiter entnehmen könnte, welche Lernchancen sich in seiner Werkstatt verbergen. Es bleibt nur, zu versuchen, ihm den Blick für die Lernchancen bei der Arbeit so zu schärfen, daß er *selbst* in die Lage versetzt wird, seinen Arbeitsbereich daraufhin zu untersuchen.

Wir möchten dazu drei Hilfen anbieten: Als erstes einen Versuch, *ganz allgemein*, also ohne auf Unterschiede zwischen den Arbeitsgebieten einzugehen, die grundsätzlichen Lern- bzw. Rehabilitationschancen von Arbeit zu beschreiben. Das wird an einigen Stellen notwendigerweise etwas abstrakt, aber insgesamt kann es doch zeigen, worauf es ankommt und wonach der Werkstattleiter seine besondere Arbeitssituation abklopfen kann. — Anschließend versuchen wir, einige Gesichtspunkte zu den Unterschieden zwischen den verschiedenen Arbeitsgebieten und Fachbereichen beizutragen. — Abschließend möchten wir ein »Diagnoseinstrument« anbieten, das der Werkstattleiter selbst handhaben und mit dessen Hilfe er seine Arbeit auf deren prinzipielle Rehabilitationschancen hin untersuchen kann.

Wir wollen — einschließlich der Ausführung — acht solcher Arbeitsstufen unterscheiden, nämlich
○ Entdecken (der Aufgabe)
○ Planen
○ Sich entschließen (zur Tat)
○ Tun (Ausführen)
○ Prüfen
○ Korrigieren
○ Abschließen
○ Auswerten

Die acht Arbeitsstufen

Man kann den Arbeitsprozeß zweifellos auch anders einteilen, aber es hat sich gezeigt, daß gerade diese Gliederung für den Bereich der Rehabilitation psychisch behinderter Menschen günstig ist und relevante Arbeitsabschnitte heraushebt. Diese Gliederung macht zugleich deutlich, daß für uns »Arbeit« nicht nur in der körperlichen Ausführung besteht, sondern daß erst viele Schritte davor (Planung, Vorbereitung) und danach (Kontrolle, Nachbereitung) zusammengenommen die Ganzheit der Arbeit ausmachen.

Jede der acht Arbeitsstufen weist bestimmte, für sie charakteristische Anforderungen an den Arbeitenden auf, und zwar grundsätzliche, also über alle speziel-

Die 4 Schichten der Handlungssteuerung in den 8 Arbeitsstufen

len Arbeitsinhalte hinweg. Dementsprechend bietet jede Arbeitsstufe auch für sie typische Rehabilitationschancen, wiederum ganz grundsätzlich und unabhängig vom jeweiligen Arbeitsinhalt. Die Phase des Planens spricht andere Fähigkeiten an und stellt damit auch andere Forderungen als die Phase des Kontrollierens, und zwar gleichgültig, ob es sich beim Arbeitsgegenstand um eine Stahlkonstruktion oder um ein Brot handelt. Diesen phasenspezifischen Anforderungen wenden wir uns jetzt zu. Wie diese wiederum durch die Art der Arbeit differenziert werden, ist Thema des nächsten Abschnitts. Der Ausbilder in der Rehabilitation kann — unabhängig von seiner konkreten Arbeit — mit diesen abstrakten Lern- und Rehabilitationschancen der acht Arbeitsstufen gezielt umgehen, wenn er dem einen Betreuten vielleicht besonders oft Planungsaufgaben stellt, wogegen er einen anderen davon eventuell eher befreit, weil er erkennt, daß der den Anforderungen des Planens noch gar nicht gewachsen ist. Auf diese Möglichkeiten der rehabilitativen Handhabung der acht Arbeitsstufen wollen wir sogleich eingehen. — Zur Untersuchung der Anforderungen der Phasen greifen wir auf die schon vertrauten vier Schichten der Handlungssteuerung als Untersuchungsraster zurück. Der größeren Übersichtlichkeit halber wählen wir für die Darstellung dieser Zusammenhänge eine Schemaform.

Arbeitsphase 1: Entdecken der Arbeitsaufgabe

Beschreibung der Phase:

Jeder Arbeitsprozeß beginnt damit, daß irgendwo ein Problem, ein Bedürfnis, ein Auftrag auftaucht, den der Arbeitende als Aufgabe übernimmt. Dabei geht es grundsätzlich um Bedürfnisse und Probleme anderer Menschen, nicht um Eigenbedürfnisse des Arbeitenden. — Wesentliche Unterschiede für die Anforderungen dieser Phase an die Arbeitenden ergeben sich daraus, ob die Aufgabe neu entdeckt oder prinzipiell bekannt ist, ob die Art ihrer Lösung erst entwickelt werden muß oder gegeben ist; wie allgemein (und damit interpretationsbedürftig) die Aufgabe formuliert ist; und ob sie selbst gesucht oder von anderen erteilt ist.

Anforderungen dieser Phase:

Körperliche Voraussetzungen:	*Funktionelle Vorgänge:*	*Innerseelische Kräfte und Motive:*	*Ich-Impulse:*
Ausreichende sinnliche Wahrnehmungsfähigkeit.	Bei Übernahme der Aufgabe von anderen: Pünktlichkeit, Verbindlichkeit von Terminen; Einübung von »Arbeitsdisziplin«. »Zuhören« als Haltung; Offenheit, Bereitschaft, sich auf Neues, Fremdes einzulassen, Aufgeschlossenheit. Auch Ungewohntes, Unerwartetes ernst nehmen und akzeptieren können. Überwindung von Haltungen wie: »Das geht sowieso nicht«, »das war noch nie da«, »das kennen wir schon«. Eigene Erwartungen und Gewohnheiten zugunsten von Anforderungen anderer zurückstellen. Haltung des »inneren Schweigens« und der Hinwendung zur Sache. Zusammenhänge entdecken.	Vielfältige soziale Fähigkeiten: Sich in den anderen hineinzuversetzen, Bedürfnisse usw. des anderen aus ihm heraus zu verstehen, die eigene Meinung zurückstellen. Anerkennung des anderen unabhängig von Sympathie und Antipathie. Eigene Lieblingsideen zurückstellen: Was will der andere? Was ist eigentlich *wirklich* das Problem? Sich in die Aufgabe hineinversetzen.	Das Problem des anderen zur eigenen Sache machen. Selbstkritik und Selbstvertrauen. Übernahme von Verantwortung. Sich selbst realistisch gegenüberstehen (ob man sich die Problemlösung zutrauen kann). Engagement für eine Aufgabe; Identifikation mit dem Problem. Selbsteinschätzung. Ziele entdecken, Sinnzusammenhänge überschauen.

Besondere Bedeutung für die Rehabilitation:

1. Von sich selber loskommen, sich anderen und anderem zuwenden müssen
2. Sachorientierung: Nicht ausspinnen, sondern Realität wahrnehmen / aufnehmen
3. Realistische Selbsteinschätzung: Verstehe ich das? Kann ich das?
4. Sich für die Sache / Aufgabe engagieren, von der man selbst »nichts hat«
5. Üben, soziale Verabredungen einzuhalten
6. Sich selbständig in einer ungewohnten, unbekannten Situation zurechtzufinden

Technische Hinweise:

Die Lernchancen dieser Phase werden wesentlich beeinträchtigt, wenn man den Betreuten erlaubt, »etwas für sich zu machen« oder Arbeiten auszusuchen, die er mag oder die ihm »liegen«. Es muß möglich sein, daß jeder in der Werkstatt einen Überblick darüber haben kann, was getan werden muß, was objektiv verlangt wird. Hilfreich kann es sein, den Betreuten zunächst sich selbst mit der Aufgabe auseinandersetzen zu lassen und dann mit ihm durchzusprechen, was er wahrgenommen hat, welches Bild er gewonnen hat. — Man kann die Anforderungen dieser Phase dadurch steigern, daß zum einen immer mehr Informationen beschafft werden müssen, um die Aufgabe zu verstehen, und daß zum anderen die Aufgabe immer undeutlicher, ungewohnter ist und also immer mehr »Forschungsverhalten« verlangt. Dadurch fördert man beim Betreuten ganz allgemein die Haltung und Fähigkeit, sich selbst in der Welt orientieren zu können. — Pünktlichkeit und Einhalten von Verabredungen zur Arbeitsübernahme fallen vielen Betreuten sehr schwer. Es sollten dann aber nicht die sachlichen Erfordernisse abgebaut, sondern ein Übungsprogramm verabredet werden, wie der Betreute allmählich selbst immer pünktlicher erscheinen kann (z. B. »eine Woche lang nicht zu spät kommen wollen«).

Arbeitsphase 2: Planen

Beschreibung der Phase:

Hat man die Ziele und Zwecke der Arbeit begriffen und zu seiner Sache gemacht, wird in der Regel nicht einfach losgearbeitet, sondern der Arbeitende muß sich jetzt genau überlegen, *wie* er nun vorgehen will. Ausgehend vom Konzept der Problemlösung entsteht ein Arbeitsplan, der mehr oder weniger detailliert die Arbeitsschritte, ihre Reihenfolge, die benötigten Materialien und Werkzeuge usw. festlegt. Oft sind genaue Zeichnungen und Arbeitsdiagramme nötig. Auch Kosten und Preise müssen kalkuliert werden, technische Berechnungen sind anzustellen, der Zeitbedarf ist zu schätzen. U. U. sind immer wieder Absprachen mit dem Kunden nötig. Es muß auch die Arbeitsleitung geplant werden.

Anforderungen dieser Phase:

Körperliche Voraussetzungen:	*Funktionelle Vorgänge:*	*Innerseelische Kräfte und Motive:*	*Ich-Impulse:*
Intakter »Denkapparat«.	Aktive Vorstellungsbildung muß möglich sein für alle Schritte und Details des Arbeitsablaufs. — Bei Arbeitsaufgaben, die sich ganz oder teilweise oft wiederholen, tritt Routine und damit u. U. auch die Gefahr der »Betriebsblindheit« ein: Man kann erleben, wie alles schneller geht, man muß aber »doppelt aufpassen«, daß man Abweichungen nicht übersieht. Gedächtnisleistungen. Ganzheitliches Erfassen der Aufgabe.	Sachgemäßes, bewegliches, vollständiges *Denken*. Berücksichtigung und Anwendung von Sachgesetzen, Disziplinierung des Denkens durch Sachlichkeit. Hohe Konzentration erforderlich, ebenso die Fähigkeit, einen Gedanken längere Zeit festhalten und »bewegen« zu können. Sachlogik, Widerspruchsfreiheit im Denken, Kontrolle der Gedankenverknüpfung. Auch: Eine Sache »durchempfinden« können; Fehlermöglichkeiten vorausahnen.	Originelle Lösungsideen; Entscheidungen bei Lösungsalternativen; Erüben des Unterschieds von Berechnung und Entscheidung; Modifikation bekannter Lösungen. Verwerfen langer Planungen bei neu auftretenden Fakten. U. U. von bekannten Mustern abweichen können. Überblick behalten, sich nicht in Details verlieren. Sich von Schablonen des Denkens lösen können, freie Ideenbildung. Fachidiotie überwinden können.

Besondere Bedeutung für die Rehabilitation:

1. Systematische und umfassende Denkschulung und Kräftigung des Vorstellungsvermögens
2. Gedankliche Flexibilität
3. Aus dem Überblick handeln, Planungsmittel, Ordnung von Unterlagen usw.
4. »Denken vor Tun« als Mittel der Selbstbeherrschung und -kontrolle und der Handlungsorientierung

Technische Hinweise:

Der Planungsaufwand von Arbeiten ist außerordentlich unterschiedlich und kann daher gut dosiert werden, in Abhängigkeit von der Komplexität und Planbarkeit der Arbeit. »Denkschwachen« Betreuten kann man hier gut entgegenkommen und die Anforderungen ganz allmählich steigern. Die hier mögliche Denkschulung betrifft ein Zentralproblem psychischer Behinderung (kognitives Gleiten, Konzentrationsschwäche usw.) und sollte daher sehr bewußt und gut abgestimmt eingesetzt werden. Die Anforderungen dieser Phase sind auch gut gestaltbar. Z.B. ist es möglich, bei jemandem, der zu sehr schematischen Lösungen neigt, klare Abweichungen oder Änderungen einzubauen.

Arbeitsphase 3: Sich entschließen

Beschreibung der Phase:

Obwohl es meist immer noch etwas zu bedenken gäbe, kann man nicht ewig planen oder alles noch genauer bedenken wollen, sondern man muß auch einmal *entscheiden*, daß man nun genug vor-gedacht hat und das Gedachte in die Tat umgesetzt werden soll. Dafür kommt es u. a. auf den richtigen Zeitpunkt an. Hemmend gegen diesen Entschluß, endlich anzufangen, können sich nicht nur die Unsicherheiten der Planung bemerkbar machen, sondern auch die Tatsache, daß der Übergang vom Denken zum Tun meist auch mit erheblichen körperlichen Mühen und Unannehmlichkeiten verbunden sein kann. — Verschiedene Arbeiten unterscheiden sich deutlich danach, wie bewußt dieser Übergang vollzogen werden muß.

Anforderungen dieser Phase:

Körperliche Voraussetzungen:	*Funktionelle Vorgänge:*	*Innerseelische Kräfte und Motive:*	*Ich-Impulse:*
Um auszuführen, was man vorher gedacht hat, benötigt man die entsprechenden Werkzeuge und Körperkräfte. Damit ist eine erste »Realitätsprüfung« für den Plan verbunden.	Gegen diesen Entschluß zur Tat werden vielfältige innere Widerstände: Skrupel, Ängste, Unsicherheiten, Hemmungen wach, weil man hier von der Freiheit der Planung zur Verbindlichkeit der Ausführung übergeht. Das unverbindliche Spielen mit Gedanken ist für viele oft weniger belastend. All jene inneren Widerstände müssen hier nun überwunden werden.	Im Mittelpunkt stehen jetzt Willenskräfte: Überwindung von Unlustgefühlen, Durchhalten des einmal gefaßten Entschlusses auch dann, wenn Schwierigkeiten auftauchen, ohne allerdings »blindwütig« und stur zu werden.	Eine Entscheidung über Arbeitsbeginn zu treffen, die eben nicht voll »berechenbar« ist, ist reine Ich-Tätigkeit. Auch das Abwägen der Gegengründe und Hindernisse fordert eine souveräne Ich-Leistung, nicht zuletzt in Form einer freien Setzung und Risikobereitschaft. Mit diesem Entschluß vollzieht das Ich den Übergang von der Möglichkeit zur Wirklichkeit, es beschließt, bisher nur Gedachtes real werden zu lassen. Dazu sind auch Selbstvertrauen und Selbstbewußtsein nötig, vor allem aber *Mut*.

Besondere Bedeutung für die Rehabilitation:

1. Gedanken-Verbindlichkeit, Realitätsgehalt von Gedanken erfahren
2. Sich aus intensiven Denk- und Planungsprozessen auch wieder lösen, mit deren Unabgeschlossenheit und Unsicherheit leben
3. Freies Setzen von Entschlüssen üben, Entscheidungstraining
4. Willensschulung im Sinne der »Selbstüberwindung«

Technische Hinweise:

Die speziellen Lernforderungen dieser Phase werden umso größer, je mehr Widerstände und Unannehmlichkeiten die Praxis bietet und je mehr Unsicherheiten in der Planung enthalten sind. Hier kann der Arbeitsleiter dosierend eingreifen. Für sehr viele Menschen mit psychischen Behinderungen bietet das Entschließen allergrößte Schwierigkeiten, und zwar sowohl in dem Sinne, daß Entschlüsse zu schnell und zu früh gefaßt werden als auch in dem, daß man »den Absprung nicht findet«. Deshalb kommt dieser Phase des Arbeitsprozesses allergrößte Bedeutung zu und sollte immer und immer wieder geübt werden. Das kann in vielen Situationen dadurch gefördert werden, daß nicht eine Gesamtplanung gemacht wird, sondern die Arbeit schrittweise zu planen ist, so daß immer wieder dieser Punkt des Entschließens bewältigt werden muß. — Der Arbeitsleiter kann durch seinen Rat oder auch seine Rückfragen und Interventionen den Entscheidungsdruck ganz erheblich abbauen, damit aber auch verhindern, daß eigene Entscheidungen gelernt werden. Er sollte hier möglichst schrittweise immer mehr Selbständigkeit verlangen, beginnend mit einer klaren Anweisung (»Jetzt fangen Sie an!«), über das aktivierende Rückfragen, das Beantworten von Fragen und schließlich das Verweisen des Betreuten auf sich selbst. Diese vier Stufen der Förderung selbständiger Entschlüsse stehen dem Arbeitsleiter zur Verfügung.

Arbeitsphase 4: Tun (Ausführen)

Beschreibung der Phase:

Hier handelt es sich um den eigentlichen physischen Arbeitsvollzug, der oben in unserem Hobelbeispiel schon ausführlicher geschildert wurde: Das Vor-Gedachte wird jetzt umgesetzt, wobei es sich erweist, ob man richtig gedacht hat. Zugleich muß aber auch der ganze Körper, der Bewegungsapparat ergriffen und zielbewußt koordiniert werden. Ebenso müssen alle seelischen Kräfte auf das Arbeitsziel hin zusammengefaßt werden. Werkzeuge müssen sachgemäß geführt, Werkstoffe verändert, bearbeitet oder zusammengefügt, Dienste vollzogen werden.

Anforderungen dieser Phase:

Körperliche Voraussetzungen:

Als körperliche Tätigkeit verlangt die Arbeit nun auch die Funktionstüchtigkeit der Sinne, des Bewegungsapparats, von Atmung und Kreislauf usw. »Lernen« kann man hier — im Sinne eines Trainings — einen verfeinerten Gebrauch der Sinne und der Motorik. Die Körperkräfte wachsen, Kreislauf und Atmung werden in der Regel angeregt. Wenn sie nicht übertrieben wird, geht von der körperlichen Arbeit bekanntlich eine allgemein körperlich kräftigende, gesundende Wirkung aus. Im Unterschied zum Sport sind die körperlichen Anforderungen hier meist ohne Extreme und in die körperlichen Gesamtprozesse integriert.

Funktionelle Vorgänge:

Die meisten Arbeitsbewegungen kann man erst dann richtig, wenn sie nach längerem Üben zur »Gewohnheit« geworden sind. Darin liegt ein besonderes Ergreifen und Umbilden vor allem der eigenen Motorik, durch die auch unkontrollierte und unkoordinierte Bewegungen verschwinden. — Massiv erfahrbar wird der Grundsatz, daß Rhythmus Kraft spart. Durch die Rhythmisierung in den Arbeitshandlungen erfährt zugleich der ganze funktionelle Bereich eine Ordnung (z. B. Schlafen/Wachen, Ermüdung, aktive und passive Phasen usw.) — Im Arbeitsvollzug erweist es sich als sehr hilfreich, wenn viele klassische Arbeitstugenden — Ordnung, Sauberkeit, Pünktlichkeit — zur »guten Gewohnheit« geworden sind, weil man z. B. viel Zeit spart, wenn man nicht ständig Werkzeuge suchen muß. — Ganz allgemein kann man in der Arbeitsausführung die konstitutionelle Belastbarkeit steigern.

Innerseelische Kräfte und Motive:

Kontrolle und Beherrschung der Gefühle, Ausdauer und Durchhaltevermögen, »Bedachtsamkeit« werden hier gefordert und können gefördert werden. Das Verhalten darf nicht durch Lust und Unlust bestimmt sein, sondern durch sachliche Erfordernisse. Wo mit anderen zusammengearbeitet wird, muß dies unabhängig von Sympathie und Antipathie erfolgen. Zugleich muß man auf den anderen eingehen, sich an ihm orientieren und das eigene Verhalten auf das seine abstimmen. Gefordert sind schließlich auch Übersicht und ein Bewußtsein vom Gesamtzusammenhang der Arbeit.

Ich-Impulse:

Die Zusammenfassung aller Kräfte auf die Aufgabe hin, die Koordination und Integration der verschiedenen Teiltätigkeiten, das Denken und Leiten des Handelns ist hier Aufgabe des Ich. Selbstüberwindung. Aus dem Ich heraus muß das Arbeiten nach sachbezogenen Motiven verlaufen. Das Ich muß das Gleichgewicht finden zwischen Selbstbezogenheit und Selbstaufgabe, indem es z. B. auch lernt, darüber zu entscheiden, wann eine Pause nötig ist oder wann es genug ist.

Besondere Bedeutung für die Rehabilitation:

1. In-Bewegung-Bringen des eigenen Körpers, Körperbezug, bewußter Umgang mit dem Körper; Kräftigung und Steigerung der Verfügbarkeit des Körpers
2. Überwindung körperbezogener Empfindlichkeiten und Bedürfnisse, mehr Belastbarkeit
3. Stärkung rhythmischer Prozesse
4. Gefühls-, Willens- und Denkkontrolle wird verstärkt, vorher Gedachtes praktisch geprüft
5. Tätige Verfügung über die gesamte Konstitution; Selbstbeherrschung wird geübt
6. Elementare soziale Fähigkeiten der wechselseitigen Orientierung werden gebildet

Technische Hinweise:

Der Arbeitsleiter muß sich über den entscheidenden Vorteil der Arbeit im Klaren sein, der darin besteht, daß alle Forderungen an den Arbeitenden — und seien sie noch so beschwerlich für ihn — *sachlich begründet* sind. Dies gilt auch für alle Disziplinforderungen usw. Es ist also nicht nötig, noch zusätzliche Kontrollen und Forderungen einzubauen — die verwässern eher diesen entscheidenden pädagogischen Vorteil der Arbeit. Sondern es kommt für den Arbeitsleiter darauf an, diesen objektiv möglichen sachlichen Begründungszusammenhang immer wieder sichtbar zu machen und »ihn sprechen zu lassen«. Das gilt u. U. auch für Fehler aus früheren Arbeitsphasen, die sich jetzt erst an der Sache erweisen, z. B. wenn falsch oder unvollständig geplant wurde. U. U. muß der Arbeitsleiter so lange warten, bis solche Fehler aus der Sache selbst an den Tag kommen. — Insgesamt kommt es hier darauf an, die Betreuten immer wieder einfach losarbeiten zu lassen und die Erfahrungen und Probleme, denen sie dabei begegnen, in Nachgesprächen zu verarbeiten.

Arbeitsphase 5: Prüfen

Beschreibung der Phase:

So schwungvoll ein Arbeitsvollzug auch sein mag — er muß immer wieder unterbrochen werden, um zu prüfen, ob alles auch noch nach Plan und im Rahmen der vorgegebenen Maße verläuft. Dieser Wechsel von Verbindung und Lösung, Nähe und Distanz, Tätigkeit und Betrachtung ist hier charakteristisch. Die Methoden der Prüfung sind vielfältig: Optische, Haptische, Messen mit verschiedenen Meßzeugen, Belastungsprüfungen usw. Die Kontrollzeitpunkte sind manchmal vorgegebene, manchmal müssen sie frei bestimmt werden. Teilweise ist es nötig, Meßwerte sachgemäß zu interpretieren. Das weitere tätige Vorgehen muß sich nach den Ergebnissen dieser jeweiligen Soll-Ist-Vergleiche richten.

Anforderungen dieser Phase:

Körperliche Voraussetzungen:	*Funktionelle Vorgänge:*	*Innerseelische Kräfte und Motive:*	*Ich-Impulse:*
Hier werden insbesondere die Wahrnehmungsorgane (Auge, Ohr, Tastsinn, Gleichgewichtssinn) gefordert. Feinmotorische Anforderungen beim Handhaben von Meßgeräten.	Der Arbeitende darf trotz aller Übung nicht in einen stereotypen Arbeitsvollzug verfallen, sondern er muß hier gerade das Verselbständigen solcher Vollzüge verhindern.	Hier ist vor allem Unbefangenheit der Wahrnehmung gefordert: Man darf nicht »sehen, was man gerne hätte«, sondern das, was ist. — Die Gefühle und Empfindungen dürfen hier nicht Ausdruck innerer Zustände sein, sondern sie müssen umgebildet werden zu »Wahrnehmungsorganen«: Man muß ein »Gefühl« dafür bekommen, wenn etwas nicht stimmt.	Im Wechsel von Vollzug und Prüfung, im Unterbrechen des Arbeitsprozesses kommt wiederum eine Ich-Leistung zum Ausdruck, bis hin zur Wahl des Kontrollzeitpunkts und der angemessenen Prüfungsmethoden. Man darf sich nie so weit auf die Arbeit einlassen, daß dieses distanzierende Bewußtsein, dieses Moment der Selbstkontrolle und Selbstkritik entfällt. Selbständigkeit wird hier gewonnen in der freien Verfügung über Beginn und Unterbrechen des Prozesses, aber auch in der Kraft, sich ein eigenes Bild von den Tatsachen zu machen, unabhängig von den eigenen Vorstellungen und Absichten.

Besondere Bedeutung für die Rehabilitation:

1. Wachheit aufrechterhalten, Kontrolle über das eigene Tun bewahren
2. Klärung und Objektivierung des Gefühlslebens
3. Wahrnehmung schärfen und objektivieren
4. Bereitschaft zur sachlichen Selbstkritik

Technische Hinweise:

Man kann viele dieser Lernchancen dadurch reduzieren, daß man etwa andere Mitarbeiter als den Arbeitenden prüfen läßt, oder daß man feste Kontrollzeiten festsetzt oder zu automatischen Meldesystemen greift. Im Rahmen der Rehabilitation können dies Anfangshilfen sein für solche Betreuten, die mit den Anforderungen des Prüfens gar nicht zurechtkommen. Für viele ist diese wachmachende, alles Wegträumen verhindernde Arbeitsphase besonders wichtig. Hier zeigt sich, wie weit man sich selbst und seine Arbeit »in der Hand« hat.

Arbeitsphase 6: Korrigieren

Beschreibung der Phase:

Aus dem bei der Prüfung Wahrgenommenen müssen Bewertungen und Beurteilungen gewonnen werden, ob das vorherige Vorgehen fortgesetzt oder korrigiert wird. Im Mittelpunkt steht hier die *Urteilsbildung*: Diese darf nicht zu schnell erfolgen (weil sie dann die vollständige Wahrnehmung verhindert), und sie muß sich ganz von der Sache leiten lassen, darf also nicht durch Meinungen oder Vorlieben usw. verzerrt sein. Im Urteil werden die Wahrnehmungen aus der Prüfung verbunden mit den gedanklichen Zielvorgaben, Standards, Fachkenntnissen usw., mit deren Hilfe die Wahrnehmungen erst »verstanden« werden können.

Anforderungen dieser Phase:

Körperliche Voraussetzungen:	*Funktionelle Vorgänge:*	*Innerseelische Kräfte und Motive:*	*Ich-Impulse:*
Die Fähigkeit, äußere Aktivität zurückzuhalten.	Gefordert sind Erinnerungs- und Gedächtnisleistungen; alte Wissensbestände, »Erfahrungen« müssen aktiviert werden.	Schließendes Denken ist gefordert. Aus Urteilen müssen Konsequenzen für die weitere Praxis gefolgert werden, für die wiederum relativ komplexe Zusammenhänge überschaut und beurteilt werden müssen (Sekundärfolgen bestimmter Korrekturen z. B.).	Das Fällen eines Urteils ist Ich-Tätigkeit, ebenso die Entscheidung über die Angemessenheit von Begriffen, Wertungen usw. — Der Entschluß zu Korrekturen bedeutet wiederum, einen einmal eingeschlagenen Weg nicht stur weiterzugehen, sondern ihn auch wieder verlassen zu können, wenn neue Gesichtspunkte dafür auftreten. Aufgabe des Ich ist es hier auch, dafür Sorge zu tragen, daß solche Korrekturen stets sachbezogen vorgenommen werden — also ohne Einmischung persönlicher Vorlieben, aber auch ohne Rücksicht auf frühere Festlegungen und Präferenzen.

Besondere Bedeutung für die Rehabilitation:

1. Weitere Förderung kognitiver Leistungen
2. Intensivierung des Sachbezugs, der Sachorientierung, Zurückstellen persönlicher Aspekte
3. Eigene Entscheidungen und Setzungen auch wieder in Frage stellen; sich nicht krampfhaft daran festhalten
4. Sich selbst »von außen«, im Lichte objektiver Maßstäbe sehen

Technische Hinweise:

Es muß immer abgewogen werden, ob eine Wahrnehmung »korrekturfördernd« ist oder ob man so weitermachen kann wie bisher. Dies ist in vielen Fällen uneindeutig, weshalb hier viel Gefühl und Erfahrung eine Rolle spielen. Diese bilden sich nur durch das Ausprobieren und die Folgen wiederum sachlich und innerlich unbeteiligt anschauen. Die »Zweifler« können dadurch allmählich sicherer werden, die »Selbstsicheren« vorsichtiger und sensibler, auch vorausschauender. Der Arbeitsleiter sollte also möglichst viele eigene Urteile und auch die zugehörigen praktischen Schlußfolgerungen zulassen und nicht gleich mit seinem besseren Urteil intervenieren, so daß an den realen Folgen die Urteilsfähigkeit besser gebildet und gestärkt werden kann.

Arbeitsphase 7: Abschließen

Beschreibung der Phase:

Ähnlich wie beim Entschluß, mit einer Arbeit anzufangen, ist auch für das Abschließen und die Beendigung einer Arbeit ein Übergang zu vollziehen aus der Tätigkeit zum Nachdenken und Betrachten. Dazu muß man sich persönlich und innerlich von der Arbeit loslösen, sie für abgeschlossen erklären, auch wenn vielleicht noch viele Fragen offen bleiben. Hinzu kommt ein wichtiger sozialer Aspekt: Da Arbeit auf die Bedürfnisse anderer Menschen zielt, heißt »Ablösung« auch immer das, wofür man sich abgemüht hat, was Ausdruck der eigenen Lebenstätigkeit wurde, für andere herzugeben. In dieser Phase geht es also um den Verzicht auf die Früchte des eigenen Tuns.

Anforderungen dieser Phase:

Körperliche Voraussetzungen:	Funktionelle Vorgänge:	Innerseelische Kräfte und Motive:	Ich-Impulse:
	Hier kann es Kollisionen geben zwischen bestimmten Arbeitsgewohnheiten und den nötigen Sachprozessen, bei denen im Zweifel erstere sich letzteren anpassen müssen. Hier muß u. U. auch gelernt werden, eine Arbeit erst dann abzuschließen, wenn sie wirklich fertig ist (und nicht dann, wenn der Arbeitende sich gerne etwas Neuem zuwenden möchte). Andererseits neigen eher melancholisch gestimmte Menschen dazu, immer noch etwas Verbesserungswürdiges zu entdecken und nicht »loslassen« zu können. Auch das kann hier eingeübt werden, die Sache über das eigene Temperament zu stellen und daraus »objektive« Gesichtspunkte zu gewinnen.	Hier ist zu lernen, nicht Lust und Unlust über das Abschließen der Arbeit entscheiden zu lassen, sondern den »Sachstand«. Je nach der Lage muß man durchhalten können oder loslassen können. Wichtig ist hier die soziale Seite: Man kann hier eine gewisse Opferbereitschaft lernen und auch, gut und engagiert zu arbeiten, wenn man selbst gar nichts davon hat. Hier kann man also Hilfsbereitschaft, Uneigennützigkeit und »Dienstleistungsbereitschaft« lernen.	Bei der Sache zu bleiben ebenso wie sich auch wiederum von ihr lösen zu können, sind reine Ich-Leistungen, Ausdruck der Souveränität des Arbeitenden der Arbeit gegenüber. Das Ich muß abschätzen lernen, wann es »genug« ist, was sinnvollerweise noch getan werden sollte oder wo es sich nicht mehr lohnt. Es muß auch entscheiden, wo die einzelne Arbeit im Gesamtgefüge seiner sonstigen Verpflichtungen und Lebensbezüge steht und ihr einen angemessenen Platz zubilligen, und es muß schließlich zwischen subjektiven Interessen und Sacherfordernissen eine angemessene Balance finden, für die es keine äußeren Entscheidungshilfen gibt. Schließlich wird hier das Verzichten und Entsagen geübt, als Ausdruck der freien Verfügung des Ich über sein Handeln, auch unabhängig von den eigenen Wünschen, Begierden und Bedürfnissen.

Besondere Bedeutung für die Rehabilitation:

1. Innere Prozesse und Steuerungen äußeren Erfordernissen und Gesetzen unterordnen
2. Durchhalten und loslassen
3. Selbst über das Ausmaß seines Engagements entscheiden; ausbalancieren der Lebensbezüge
4. Opferbereitschaft und Entsagung lernen als Elemente der Freiheit

Technische Hinweise:

Verschiedene Arbeiten und Arbeitssituationen stellen in dieser Phase sehr unterschiedliche Anforderungen. Zu unterscheiden sind z. B. solche, bei denen die Arbeit immer wieder aus sich heraus zu »fertigen« Produkten führt (z. B. die Handwerke) und solche, bei denen tendenziell unbegrenzte Prozesse bearbeitet werden, z. B. die Dienstleistungen. Es spielt auch eine Rolle, inwieweit der Abschluß einer Arbeit äußerlich sichtbar oder undeutlich und interpretationsbedürftig ist. Schließlich gibt es viele äußerliche Hilfsmittel, um die hier anstehenden Probleme nicht durch gestärkte Eigenfähigkeit, sondern äußere Organisation zu lösen: Klare Arbeitszeitregelungen etwa, oder genaue Vorschriften über Art und Ausmaß dessen, was als »fertig« zu gelten hat. Solche Regelungen können Entlastungen darstellen, sie verhindern aber nach »innen« Selbständigkeit und Selbstverantwortung.

Arbeitsphase 8: Auswerten

Beschreibung der Phase:

Ist die Arbeit abgeschlossen und weggegeben, kommt die Zeit der Rückschau, des Lernens, der inneren Verarbeitung der Arbeitserfahrungen, des Bilanzziehens. Nur selten ist diese Phase klar institutionalisiert, oft findet sie in einer »stillen Stunde« privat statt, häufig unterbleibt sie auch ganz. Voraussetzung ist immer eine gewisse Distanz zu den Arbeitsvollzügen, in die man nicht mehr verwickelt sein darf, und ein Moment der Ruhe, in dem man seine Tat so ansieht, als ob sie die eines anderen gewesen wäre. Innerlich gleichmütig ist das Vergangene einfach zu betrachten, zunächst ohne Wertung, um die Sache selbst fassen zu können, die ja nicht mehr zu verändern ist.

Anforderungen dieser Phase:

Körperliche Voraussetzungen:	*Funktionelle Vorgänge:*	*Innerseelische Kräfte und Motive:*	*Ich-Impulse:*
Räumlicher Rückzug, Ruhe, Distanz.	Gefordert ist das bildhafte Erinnerungsvermögen, das alle Stationen der vergangenen Arbeit innerlich wieder »vor Augen führt«. Es darf nichts verdrängt werden, der ganze Vorgang muß noch einmal ins Bewußtsein gehoben werden — auch diejenigen Teile, die man vielleicht lieber »vergessen« würde.	Spontane seelische Regungen müssen schweigen, Urteile und Gefühle müssen zurückgehalten werden. Eine gewisse Schonungslosigkeit sich selbst gegenüber muß eintreten. In der Betrachtung der Erinnerungsgebilde muß Geduld einkehren, man muß abwarten können, bis einem plötzlich vorher verborgene Zusammenhänge deutlich werden. Erste vorsichtige Interpretationsversuche können tastend gewagt werden, wobei immer wieder auf das Ganze zu schauen ist, bis man schließlich zu Einsichten und Gewißheiten kommt. Freude an der Arbeit.	Die vergangenen Erfahrungen sollen dem Arbeitenden eben nicht wie »Gespenster« nachjagen und ihn immer wieder einmal plötzlich überfallen, sondern er soll sie hier bewußt selbst hervorholen und konzentriert festhalten. So lernt er, Herr über seine Erinnerungen, über seine Vergangenheit zu werden. Dabei geht es nicht darum, »alles noch einmal zu erleben«, sondern das Vergangene sachlich-distanziert, unbefangen zu betrachten, als ob man selbst gar nicht beteiligt gewesen wäre. Nur indem man das Vergangene in dieser Weise anerkennt und als etwas, das Wirklichkeit geworden ist, akzeptiert, kann man verhindern, daß es einen weiter verfolgt. Persönliche Autonomie hat auch mit der Kraft zu tun, zu innerem Frieden mit dem Unabänderlichen zu gelangen, es in seine Biographie einzubauen, es zum Bestandteil der eigenen Geschichte zu machen — und nicht verzweifelt dagegen ankämpfen zu wollen.

Besondere Bedeutung für die Rehabilitation:

1. Stärkung des Erinnerungsvermögens
2. Anerkennung des Gewordenen
3. Aufarbeitung von Vergangenheit als Lernprozeß
4. Akzeptieren biographischer Ergebnisse, Anerkennung der eigenen Lebensgeschichte
5. Aufbau einer stabilen Haltung der eigenen Erkrankung und Behinderung gegenüber; das eigene Schicksal annehmen

Technische Hinweise:

Diese »Auswertungsphase« kommt in der Realität der Werkstätten höchst selten bewußt und gezielt vor. Es sollte aber deutlich sein, daß es sich dabei gerade im Bereich der Rehabilitation psychisch Behinderter um eine außerordentlich bedeutsame Übung handelt, der unbedingt bewußt Raum geschaffen werden sollte. Dies kann in Form gemeinsamer regelmäßiger »Rückblickkonferenzen« geschehen, oder individuell in Tagebuchform, in fester Gesprächsform oder als Empfehlung zur »Tagesrückschau«, die allerdings allein zunächst nur schwer gelingen wird. Solche »Auswertungsphasen« sind Übungen in Objektivität, Selbstkontrolle und innerer Ruhe. Allein die Sache, das, was nun — ob es einem gefällt oder nicht — Wirklichkeit geworden ist, soll sprechen, ihr Bild ist zu zeichnen, während die persönlichen Meinungen dazu nicht gefragt sind, auch nicht die Lieblingsurteile und auch nicht irgendwelche moralischen Maßstäbe, die von außen an die Erfahrungen herangetragen werden. Gelernt wird hier dadurch, daß die vergangenen Erfahrungen und ihre inneren Zusammenhänge ins Bewußtsein gehoben und gedanklich verarbeitet werden, woraus das Ich über sich und die Welt neue Einsichten gewinnen kann, die wiederum in neue Entschlüsse für die zukünftige Arbeit, aber auch für Veränderungen des eigenen Verhaltens münden können, die schrittweise durch die verschiedenen Handlungsebenen hindurch umgesetzt werden und in späteren Arbeitssituationen neu eingeübt werden können.

Schlußbemerkung

Es sollte deutlich geworden sein, daß die verschiedenen Arbeitsabschnitte eine außerordentliche Breite an Lernmöglichkeiten bieten. Sie beziehen sich auf die Bildung von Kräften und Fähigkeiten, die man zum selbständigen und selbstbewußten Handeln — also unserem Rehabilitationsziel — braucht. Die zentralen Lerngelegenheiten sind:

- sich für eine Sache bzw. ein fremdes Bedürfnis zu interessieren und zu engagieren,
- zielgerichtet und praxisbezogen zu denken vor dem Tun,
- den Übergang vom Denken ins Tun zu finden,
- ausdauernd und zielstrebig eine Sache zu verfolgen,
- genau und unbefangen wahrzunehmen,
- sachgemäß zu urteilen,
- verzichten zu können,
- das eigene Tun selbstkritisch zu reflektieren und daraus zu lernen.

Zentrale Lernchancen der Arbeit

Wo immer Arbeit unmittelbar mit Kooperation verbunden ist, also mit anderen zusammen bewältigt wird, kommen über die genannten hinaus noch eine Reihe weiterer sozialer Fähigkeiten — der Wahrnehmung des anderen, des Eingehens auf den anderen, des Vertrauens, der Zuverlässigkeit, der Konfliktlösungsfähigkeit, des Umgehens mit Abhängigkeiten usw. — hinzu, die in der Arbeit erlernt werden können. Darauf wird später bei der Diskussion des Werkstattarrangements eingegangen.

Soziales Lernen

Ganz allgemein kann man erkennen, daß zum Arbeiten Kräfte und Fähigkeiten gebraucht werden, die

- mit der Hinwendung zur Sache und der Abwendung von sich selbst zu tun haben;
- auf der Anerkennung von und dem Umgang mit objektiven Gesetzmäßigkeiten (im Unterschied zu subjektiven Empfindungen) beruhen;

Hauptprozesse des Lernens durch Arbeit

- an die Stelle der Eigentendenzen und vorgegebenen Strukturen der funktionellen und seelischen Kräfte deren Verfügbarkeit und Handhabbarkeit setzen;
- stark mit Selbstüberwindung, Selbstkontrolle und Selbstlosigkeit verbunden sind, ebenso mit Verbindlichkeit und Genauigkeit.

Wirkungen des Lernens durch Arbeit

Damit aber
— vermittelt Arbeit das Gefühl der persönlichen Bedeutung und Wirksamkeit und ein positives, werkorientiertes Selbstbild;
— führt sie zu innerer und äußerer Freiheit (Bedürfnisaufschub und Verzicht);
— bindet sie den einzelnen in soziale Zusammenhänge ein und verleiht ihm sachbezoge Bedeutung für andere;
— bringt sie den Arbeitenden in ein Verhältnis zu den objektiven Ordnungen und Gesetzen der Welt, ersetzt sie Willkür und Orientierungslosigkeit durch Sachlichkeit und Zielgerichtetheit.

2.3 Gibt es Unterschiede der rehabilitativen Wirkungen unterschiedlicher Arbeitsinhalte?

In der Praxis hat man es nie mit »Arbeit« schlechthin zu tun, sondern immer mit einer besonderen, bestimmten Arbeit in der Landwirtschaft oder der Schreinerei, im Büro oder, noch konkreter, mit dem Mistausbringen, Bretterzuschneiden, Verhandlungenführen usw. Sind alle diese Arbeiten unter rehabilitativen Gesichtspunkten »gleichwertig«, so daß man sagen kann: Ganz gleich, was jeweils inhaltlich gearbeitet wird, Hauptsache, es handelt sich überhaupt um Arbeit!? Die Beantwortung dieser Frage ist u. a. wichtig für die Auswahl von Arbeitsbereichen und Aufträgen im Rahmen der Rehabilitationseinrichtung, so daß es sinnvoll erscheint, einige Gesichtspunkte darzustellen.

Grundsätzlich gelten die acht Arbeitsschritte und ihre zentralen Lernchancen für jede ganzheitliche Arbeit, bei der nicht einfach nur eine oder einige Phasen herausgegriffen und Grundlage einer Spezialarbeit wurden, wie etwa Planung und Konstruktion Gegenstände des Ingenieurberufs sind (und selbst dort kann man die acht Arbeitsphasen in jeder angegliederten Teilphase wiederfinden). Deshalb kann man prinzipiell davon ausgehen, daß vom Arbeits*inhalt* her grundsätzlich *jede* Arbeit geeignet ist, rehabilitative Wirkungen zu entfalten. Unterschiede der Arbeitsinhalte kommen jedoch deutlich in zweifacher Hinsicht zum Tragen:

○ Erstens sind die acht Arbeitsphasen bei verschiedenen Arbeiten unterschiedlich prägnant ausgebildet;
○ Zweitens gibt es bedeutende Unterschiede in der Art der Anforderungen in den acht Arbeitsphasen.

Arbeitsinhaltliche Unterschiede

Vergleicht man etwa eine Schlosserei mit einer Töpferei, so wird schnell deutlich, daß sie zumindest in bezug auf einen Punkt durchaus Gegensätze bilden. Während es charakteristisch für die Metallbearbeitung ist, die Phase der *Planung* sehr ernst zu nehmen, ihr viel Zeit einzuräumen, um zu detaillierten Zeichnungen zu kommen, kann man in der Töpferei beim Drehen von einer »Planungs- oder Entwurfsphase« kaum sprechen, wie es auch selten technische Entwürfe und genau bemaßte Paßteile gibt. Dieses Beispiel zeigt, daß die acht Arbeitsstufen je nach Arbeitsbereich ganz unterschiedliches Gewicht haben können, wie auch umgekehrt der Schwerpunkt der Arbeitsanforderungen auf unterschiedlichen Arbeitsphasen liegen kann. In der folgenden Liste ist dies für einige Arbeitsbereiche beispielhaft aufgeführt:

Vergleich Schlosserei / Töpferei

	Arbeitsbereich	Starke Ausprägung	Schwache Ausprägung
Schwerpunkte der Anforderungen unterschiedlicher Arbeitsbereiche	Landwirtschaft	Prüfen Sich entschließen	Entdecken der Aufgaben
	Hauswirtschaft	Durchführen Abschließen	Entschließen
	Schreinerei	Durchführen Entdecken der Aufgabe	Sich entschließen
	Töpferei	Prüfen Abschließen	Planen
	Einfache Anlernarbeiten	Durchführen Abschließen	Planen
	Schlosserei	Planen Prüfen	Auswertung

Bedeutung der Arbeitsteilung

Diese Verhältnisse ändern sich innerhalb der jeweiligen Werkstatt selbstverständlich noch einmal grundlegend in Abhängigkeit von der *Arbeitsteilung*, die hier besteht. Einfache Anlernarbeiten verlangen z. B. meist einen sehr hohen »vorgelagerten« Planungsaufwand, wenn es darum geht, den Arbeitsfluß, das Ineinandergreifen der Teilarbeiten usw. einzurichten. Dann gibt es aber für jene, die in diesem vorgegebenen Rahmen tatsächlich arbeiten, nicht mehr viel zu planen: Die Arbeitsvorbereitung hat ihnen fast alles abgenommen.

Einfluß der Arbeitsorganisation

Ähnliches gilt für Werkstätten, in denen der Arbeitsleiter klar umrissene Arbeitsanweisungen weitergibt. Für den einzelnen Betreuten kommen die der Durchführung vor- und oft auch die nachgelagerten Tätigkeiten nicht mehr in Betracht, obwohl sie prinzipiell zu diesem Arbeitsbereich gehören. Hier wird deutlich, daß die Art der Arbeitsteilung die arbeitsinhaltlichen Zusammenhänge überlagern kann, womit sie ein wichtiges Gestaltungsinstrument in der Hand der Arbeitsleiter ist, von der weiter unten genauer die Rede sein wird.

Diese Überlegungen, welche Arbeitsphasen in den verschiedenen Arbeitsbereichen inhaltliche Schwerpunkte der Anforderungen bilden, sind in zweifacher Hinsicht bedeutend. Zum einen sollten die in einer Einrichtung vorhandenen Werkstätten *alle zusammen alle acht Arbeitsphasen hinreichend ausgeprägt aufweisen*, so daß insgesamt ein ausgewogenes Anforderungsprofil erreicht wird. Zum anderen erhält man hiermit eine erste Handhabe, um zu entscheiden, welchen Betreuten man in welche Werkstatt schickt. Für jemanden mit starker Konzentrations- und Denkschwäche wäre die Schlosserei eine hohe Überforderung, während jemand, der lernen soll, sachlich und sorgfältig zu denken, in der Töpferei keine entsprechenden Anregungen fände. Es ist notwendig, daß die Werkstattleiter einer Einrichtung sich darüber im klaren sind, in welchen Arbeitsphasen die Schwerpunkte ihrer Werkstätten liegen bzw. welche Arbeitsphasen keine oder nur eine untergeordnete Rolle spielen.

»Vollständigkeit« eines Arbeitsangebotes einer Reha-Einrichtung

Was ist für wen gut?

Unterschiedliche Anforderungen innerhalb einer Arbeitsphase

Vergleicht man die *Durchführungsphase* etwa bei landwirtschaftlicher und elektrotechnischer Arbeit, wird deutlich, wie weit die Anforderungen innerhalb einer Arbeitsphase von Arbeitsbereich zu Arbeitsbereich auseinanderliegen können:
— Relativ grobe Arbeit, schwere körperliche Anstrengung, bei der man Wind und Wetter ausgesetzt ist und viel Durchhaltekraft entwickeln muß im Falle der Landwirtschaft; Arbeit in der offenen Natur, Weite.
— Dagegen oft sitzende, körperlich ruhige, die Feinmotorik und das genaue Sehen beanspruchende Feinarbeit, bei der es auf Geduld, Konzentration, starke gedankliche Führung, hohe Sorgfalt und Zuverlässigkeit ankommt, im Falle der Elektroarbeiten; Arbeit in geschlossenen Räumen; begrenzte Sicht.

Während das, was an Lernchancen der einzelnen Arbeitsphasen herausgearbeitet wurde, grundsätzlich Gültigkeit behält, wird es im Konkreten doch sehr stark *modifiziert und differenziert*. Als allgemeine Tendenz lassen sich etwa folgende Verschiebungen über alle acht Arbeitsphasen hinweg feststellen:

Anforderungstendenzen und Lernschwerpunkte unterschiedlicher Arbeitsarten

Art der Arbeit	Anforderungstendenz	Lernschwerpunkte
Arbeit an der Natur	Von äußeren Rhythmen / Prozessen abhängig	Bescheidenheit, Demut, Geduld
	»Geschenke« der Natur werden möglich gemacht	Hingabe, akzeptieren können
	Mögliche Arbeitsergebnisse liegen fest, werden »reproduziert«	Unterordnung unter Prozesse Wiederholung des Gleichen
	Mühsal	Ausdauer
	Es so machen, wie die Natur es verlangt	Notwendigkeiten anerkennen
	Umgang mit Lebensprozessen	Pflegen, Schützen, empfindendes Wahrnehmen
	Unmittelbares Erleben	Erleben, Offenheit für Sinneseindrücke
Handwerkliche Arbeit	Neue Produkte Naturformen verändern	Zielgerichtetes Denken, Rationalität
	Ziel-Mittel-Verhältnisse	Geduld
	Denken leitet Handeln	Selbstbeherrschung
	Werkzeuggebrauch	Planung
	Ästhetische Gestaltung Formempfinden	Traditionen kennen Gemütskräfte
	Ideenreichtum, Kreativität	»schöpferische Gestalt«

Maschinenarbeit	Wenig Kraftaufwand	Vorstellungsvermögen, Übersicht
	Weitreichende Vorplanung	Sachgeleitetes Denken
	Indirekte Vorbereitung	Logisches Zergliedern
	Unfallgefahr begegnen (Vorsicht)	Gelassenheit
	Mit technischen Kräften umgehen	Kontrolle
	Sich einordnen können	Bewußte Steuerung
	Maschinenkenntnisse	Wissen
	Geistesgegenwart	Wachheit
Dienste am Menschen	Von anderen Bedürfnissen abhängig	Sich zurücknehmen
	Unterordnung Hilfeleistung	Den anderen akzeptieren
	Ständige Wiederholung	Soziale Kompetenzen Selbstbewußtsein Selbststeuerung
	»Endlosigkeit«	Durchhaltevermögen
	Fremde Maßstäbe	Enttäuschungsfestigkeit
	Freiheit des anderen, vom anderen her handeln	Nähe und Distanz

Diese Übersicht zeigt gewisse Verschiebungen je nach Art der Tätigkeit, wobei selbstverständlich auch unter den Handwerken wiederum bemerkenswerte Unterschiede zu finden sind. Es wird deutlich, daß die verschiedenen Arbeitsbereiche typische »Lernprofile« aufweisen, so daß man in ihnen unterschiedlich gefordert ist und also auch etwas anderes lernt (so wie man in der Schule in Mathematik andere Fähigkeiten erwirbt als in Geographie). Aus der beigefügten Tabelle können für sieben Arbeitsbereiche, die in der Modelleinrichtung Hof Sondern gründlich untersucht wurden, gegliedert nach den acht Arbeitsphasen, die jeweiligen Lernschwerpunkte entnommen werden. Vor allem wird deutlich, daß auch die *sozialen Lernchancen* je nach Arbeitsbereich ganz unterschiedlich ausgebildet sind. Diese Tabelle kann nicht als feststehendes Ergebnis übernommen werden, sondern nur ein Beispiel sein für die Art und Weise, wie man unterschiedliche Lernchancen unterschiedlicher Arbeiten zu bestimmen versuchen kann.

Vergleich der Anforderungen und Lernchancen von 7 ausgewählten Arbeitsbereichen

Anforderungen an Grundfähigkeiten (Lernchancen)	Landwirtschaft	Hauswirtschaft	Lebensmittelverarbeitung	Töpferei	Schlosserei	Schreinerei	»Industriewerkstatt« Ardex
Entdecken der Aufgabe	sich objektiven Notwendigkeiten unterordnen; persönliche Belange zurückstellen	zyklisch (»endlos«) wiederkehrende Aufgaben bearbeiten; Demut, Selbstlosigkeit; Bedürfnisse anderer erkennen (Dienst)	sich objektiven Notwendigkeiten unterordnen; auf Anforderungen aus dem Sachprozeß eingehen; von sich loskommen	offen beginnen können; »spielerisch«; eigene Aufgaben setzen	sich speziellen Problemen anderer zuwenden können; sich in Probleme hineindenken	prinzipiell bekannte Lösungen individualisieren; fixe Vorstellungen auflösen; Unbefangenheit	klar umrissene Teilaufgabe; sozialer Sinn, soziale Verbindlichkeit
Planen	bekannte Regeln anwenden (Transfer); Flexibilität; komplexe Interdependenzen überblicken; Unbefangenheit; Versachlichung des Denkens	Verbindung festliegender Abläufe und freier Gestaltung; finales Denken; Flexibilität, plan. Improvisation	bekannte Regeln anwenden (Transfer); Überblick; Abläufe organisieren	wage Grundideen bilden und festhalten; *keine* Planung; direktes Handeln; bei Serien: Orientierung vom Muster, Mengenschätzung (ohne »Plan«)	vollständiges antizipierendes Durchdenken des Arbeitsablaufs; Vorstellungskraft; Handlung aufschieben können	wie Schlosserei; hohe Denkdisziplin; »Bedachtheit«, Übersicht; höhere »Handlungslust« muß gehemmt werden	begrenzte Absprache; in der Gruppe keine Planung des Vorgehens
Entschließen	körperliche Widerstände überwinden; Härte gegen sich selbst, Selbstüberwindung	teilweise geringe Motivationshilfen; deutlicher Aufforderungscharakter; eigener Antrieb nötig	geringe Widerstände, z. T. Motivationsprobleme; deutlicher Aufforderungscharakter; Verantwortungsbereitschaft; z. T. von der Gruppe getragen	geringe sachliche Widerstände (Schmutzschwelle); Tun vor Denken; einfach anfangen können	bewußtes Beenden der Planung; Selbstvertrauen, Mut, Sicherheit; Mut zur Verbindlichkeit	wie Schlosserei; geringe Widerstände; sich auf irreversible Prozesse einlassen; Vertrauen zum Plan	geringe Widerstände (Staub, Monotonie); getragen durch die Gruppe; Ablenkung von pers. Problemen
Tun	körperl. Anstrengung (Heben, Tragen, Bücken); Krafteinteilung; Körperbeherrschung; Übersicht; nichts vergessen; Ausdauer; ad-hoc-Entscheidungen; Selbstregulation	Überblick; Koordination; zeitl. Strukturierung; Zeitdruck; Sauberkeit, Gründlichkeit, Ausdauer; Zeitgefühl	exaktes Einhalten von Anweisungen; Ruhe, Geduld, Ausdauer; Ablauf organisieren; Sauberkeit, Ordnung, Gründlichkeit	hohe feinmotorische Anforderungen; Ruhe, Geduld; Empfindsamkeit, in sich ruhen; Widerstand bieten; Konzentration	manuelles Geschick; plangeleitetes Handeln; bewußt, überlegt; Beherrschen der Affekte; Geduld, Ausdauer, Beharrlichkeit, Konzentration	hohes manuelles Geschick; Verbindung von plan- und wahrnehmungsgeleitetem Handeln; Bewußtheit; Gewohnheiten kontrollieren; Sorgfalt, Überlegenheit, Konzentration	keine besonderen manuellen Anforderungen; zügiges Arbeiten, angepaßtes Tempo; durchhalten
Prüfen	empfindungsnahes, ganzheitliches Wahrnehmen; die Phänomene sprechen lassen; gute Beobachtungsfähigkeit; Unbefangenheit, Weltinteresse, Objektzuwendung	genaues, unbefangenes Hinsehen; hohe Aufmerksamkeit; z. T. ästhetisches Empfinden; Wahrnehmen leitet Handeln	differenziertes Wahrnehmen von Veränderungen (Prozesse verfolgen können); Musterwahrnehmung; hohe Aufmerksamkeit	Tastsinn stark gefordert; Wahrnehmen leitet Handeln; Objektzuwendung; Phänomene sprechen lassen; ästhet. Empfinden; Rhythmus, Tun, Wahrnehmen	Messen (Sollvergleich); begrenzte Phänomenwahrnehmung; regelm. Wechsel von Tun — prüfender Distanz	Messen; Phänomenwahrnehmung; künstl. Empfinden; regelm. Wechsel von Tun — prüfender Distanz	geringe soziale Wahrnehmungsleistung; *soziale* Wahrnehmung; Übersicht über Gesamtablauf

Anforderungen an Grundfähigkeiten (Lernchancen)	Landwirtschaft	Hauswirtschaft	Lebensmittel-verarbeitung	Töpferei	Schlosserei	Schreinerei	»Industriewerk-statt« Ardex
Korrigieren	Ergebnisse oft sehr viel später sichtbar; Sachkenntnis und Erfahrung nötig; oft vorbegriffliche Unbestimmtheiten	direkte Bewertung möglich; leicht kritisierbar; soziale Anerkennung wichtig; nur begrenzte Objektivierbarkeit	Ergebnisse treten klar zutage; z. T. objektivierbar; z. T. »Geschmacksurteil«	ästhetisches Urteil; Objektivierung des Gefühls; sich von subjektiven Urteilen lösen; Selbstkritik lernen; Fehler schwer bestimmbar	klare Kontrolle nach Plantreue; völlig versachlichtes Urteil ohne subj. Entscheidung; Objektivität; Fehler klar erkennbar	Plankontrolle; ästhet. Urteil; komplexe Kriterien; Fehler klar erkennbar und meist nicht korrigierbar	Gruppenleistung objektiv meßbar; Stolz auf gemeinsame Leistung; kaum Fehler möglich
Abschließen	vorgegebener Jahresrhythmus; sonst: zeitliche Selbstregulation nötig; Eigenrhythmus möglich; Konflikt: Müdigkeit — Pflicht	Zeitrahmen meist vorgegeben; Eigenrhythmus nur z. T. möglich; Ende z. T. subj. zu setzen; Problem der »Endlosigkeit«	Zeitstruktur z. T. sachlich bzw. sozial vorgegeben; keine Ablösungsprobleme	hohe Selbstregulation nötig; Eigenrhythmus möglich; kein Zeitrahmen vorgegeben; Ende bewußt setzen	Selbstregulation prozessual möglich; Arbeitsende sachbedingt; Arbeit unterbrechbar; klare Ziele	klare sachbedingte Ziele; Ende liegt fest; Selbstregulation prozessual möglich; rechtzeitiges Aufhören wichtig (pers. Steuerungsleistung)	sozial und sachlich festgelegt; kein Eigenrhythmus; keine Selbstregulation; Ablösung nach erbrachter Leistung
Auswerten	Jahresrhythmus; körperl. Ruhebedürfnis; unbewußtes »Wachsen« von Ausdauer, Kraft usw.; organische Zusammenhänge werden erfahren	Erholungszeiten bewußt setzen; Reaktionen anderer verarbeiten; neue Entschlüsse fassen	Erholungszeiten z. T. vom Prozeß vorgegeben; Fehlersuche bei Mißerfolgen; neue Versuche/Wege; z. T. veranstaltete Weiterbildung	subj.; oft geringe Ermüdung; Ermüdung durch Konzentration; Rückschau schwer, da wenig Objektivität; bewußtes Vornehmen neuer Formen	Erholungszeiten bewußt setzen; Ermüdung körperlich und geistig; Selbstkritik; Erfahrungsverarbeitung nötig; neue Lösungsideen	wie Schlosserei; größere Bedeutung des geduldigen Erübens; eigener Fähigkeitsstand wird am Objekt sichtbar; neue Konstellations- und Gestaltungsideen	körperliche Ermüdung; kaum Verarbeitung nötig; Selbsterziehungsziele können bedroht werden (soz. Qualitäten)
Soziale Anforderungen	alle Formen; typisch: Kolonnenarbeit (= direkter Vergleich möglich, auch Hilfe, oder Druck); sehr gute Kontaktchancen	Einzel- oder Kleingruppenarbeit mit indiv. Aufgabe; indiv. zurechenbare Teilleistung; »Öffentlichkeit«; u. U. sozialer Druck	alle Kooperationsformen bis Einzelarbeit mögl.; typisch z. T.: gleiche Arbeit in der Gruppe zur Bewältigung großer Arbeitsmengen; Gesamtergebnis	Einzelarbeit; kein Bezug zu anderen in der Arbeit; gute informelle Kommunikationschancen	Einzelarbeit, geführt Zusammenarbeit und direkte Hand-in-Hand-Kooperation möglich; letztere stellt sehr hohe Anforderungen an Orientierung am anderen	Einzelarbeit typisch; Kooperation nur bei Bau und Zusammenbau; kaum Arbeitsteilung, jedoch Handlangerarbeiten ausdifferenziert	Integration in die Gruppe als Zentralanforderung

Die vergleichende Untersuchung inhaltlich unterschiedlicher Arbeitsbereiche hinsichtlich ihrer »rehabilitativen« Bedeutung ergibt also für jeden Arbeitsbereich ein eigenes, von den anderen unterschiedenes typisches *Lernprofil*. Kennt der Arbeitsleiter das Lernprofil seines Arbeitsbereiches, kann er es auch für die Rehabilitation fruchtbar machen. Ganz allgemein sollte man versuchen, die *Stärken*, die charakteristischen Besonderheiten des eigenen Arbeitsbereichs hervortreten zu lassen und diese Anforderungen unmittelbar an die Betreuten heranzutragen (also nicht gerade durch technische u. a. Hilfen diejenigen Lernchancen zu verschütten oder zu relativieren, die diesen Bereich besonders auszeichnen). Unter »Lerngesichtspunkten« könnte es z. B. unsinnig sein, bestimmte körperliche Anforderungen in der Landwirtschaft durch großen Maschineneinsatz zu eliminieren, wenn es hier gerade darum geht, Ausdauer und Selbstüberwindung zu schulen.

Lernprofile von Arbeitsbereichen

Die genaue Kenntnis der Lernprofile der verschiedenen Arbeitsbereiche ermöglicht es ferner, Arbeit so gezielt für die Rehabilitation einzusetzen, daß man für bestimmte Betreute bestimmte Lernfelder bewußt auswählt oder auch vermeidet, wenn es mit Sicherheit eine Überforderung bedeuten würde. Dieses gezielte »Verschreiben« von Arbeitsbereichen sollte aber auch nicht überbewertet werden, da bei psychisch behinderten Menschen oft gerade nicht ganz spezielle Ausfälle und Defizite vorliegen, die gezielt behoben werden müßten, sondern häufig eine allgemeine, durchgängige Handlungsschwäche auf vielen oder fast allen Gebieten. Für diesen Personenkreis ist dann tatsächlich »Arbeit immer etwas Gutes«, und für diese Menschen käme es eher darauf an, unabhängig von den unterschiedlichen Lernprofilen möglichst viele Arbeitsbereiche kennenzulernen, so daß eine *breite, ganzheitliche Harmonisierung und Stärkung der freien Handlungsfähigkeit* möglich wird. Hier berühren wir den Gedanken des *Arbeitswechsels*, der uns später noch mehr beschäftigen wird.

Warum es wichtig ist, das Lernprofil seines Bereiches zu kennen

»Verschreiben« bestimmter Arbeitsbereiche?

Breite Harmonisierung

Unter diesem Gesichtspunkt kommt der Untersuchung und Bewußtmachung der jeweiligen Lernprofile der Arbeitsbereiche noch eine andere Bedeutung zu.

Zur Frage der Einrichtung von Arbeitsbereichen	Sie kann helfen, bei der Einrichtung des gesamten Werkstattbereichs einer Rehabilitationsstätte die Frage zu beantworten, *welche Arbeitsbereiche denn überhaupt begründet werden sollen*, damit eine harmonisch-allseitige Förderung möglich wird. Anhand der Lernprofile kann vergleichend festgestellt werden, ob man Einseitigkeiten unterliegt oder ob — was wünschenswert wäre — in allen Arbeitsphasen möglichst große Spannweiten an Anforderungen und Lernchancen erreichbar sind.
Selbstanalyse der Lernprofile	Wir hoffen, daß die voranstehenden Seiten die Arbeitsleiter unter den Lesern genügend angeregt haben und es ihnen in den Fingern juckt, nun endlich den eigenen Bereich auf seine Rehabilitations- bzw. Lernchancen hin zu untersuchen. Wir halten das für sehr wichtig, weil nur unter den Betreuern selbst ein Bewußtsein dafür entstehen kann, welches bedeutende Rehabilitationsmittel sie mit ihrer Werkstatt an der Hand haben. Außerdem ist es nur auf diese Art möglich, den Besonderheiten der jeweiligen Werkstatt und deren Arbeitsaufträgen gerecht zu werden, die viel zu individuell sind, als daß man sie hier beschreiben könnte.
Methodische Hinweise zur Selbstanalyse der Arbeitsbereiche	Zu dieser Selbstanalyse möchten wir noch einige Anregungen geben. Wir schlagen vor, die Gliederung nach den acht Arbeitsphasen zugrunde zu legen und von jeder Phase zunächst einmal ganz schlicht zu beschreiben, wie sie in Ihrem Bereich ausgeführt wird, wie z. B. der einzelne an seine Arbeitsaufgabe kommt. Da kann es mehrere Möglichkeiten geben — je nach Art des Auftrags —, oder es gibt Unterschiede zwischen Personen: Möglichst jeder Fall sollte beschrieben werden. Ist das nicht möglich, müssen Sie eine einigermaßen typische Auswahl treffen! Als zweites sollten Sie die charakteristischen Probleme und Schwierigkeiten, Belastungen und Widerstände beschreiben, die auftreten, wenn man in der angegebenen Weise die Arbeitsphasen ausführt. Als drittes werden Sie sich fragen, was derjenige, der diese Arbeit ausführt, denn nun im einzelnen *können muß* (und was er infolgedessen daran lernen kann). Wir empfehlen, zunächst auch an die fachlichen Qualifikationen zu denken (über

die wir in dieser Handreichung nicht schreiben) und bei den personbezogenen Qualifikationen, auf die es in der Rehabilitation vor allem ankommt, die Untergliederung nach körperlichen, funktionellen, seelischen und ichhaften Anforderungen bzw. Lernchancen zu erproben. Wenn Sie dabei nicht jedes Feld ausfüllen können, schadet das nichts. Entweder wird sich dazu im Laufe der Zeit etwas ergeben oder die Anforderungen sind für Ihren Arbeitsbereich nicht deutlich genug.

Dieses Verfahren wirkt auf den ersten Blick etwas aufwendig, aber es lohnt sich ganz ohne Zweifel, einmal diese Zeit zu investieren, nach Möglichkeit mit allen zusammen, die in Ihrer Werkstatt betreuend tätig sind. Im nächsten Schritt wäre es dann sinnvoll, die Ergebnisse dieser »Selbstanalyse« der unterschiedlichen Arbeitsbereiche Ihrer Einrichtung miteinander zu vergleichen, um ein Gefühl für die besonderen »Lernprofile« Ihrer Werkstätten zu bekommen. Möglicherweise stellen Sie bei dieser Untersuchung fest, daß nicht alle Arbeitsphasen in Ihrer Werkstatt vorkommen. Das ist durchaus zu erwarten. Aber prüfen Sie dann doch bitte, warum das so ist, welche Vorteile eine zusätzliche Einrichtung hätte und ob sie für den Rehabilitationsprozeß sinnvoll wäre! U. U. ergeben sich hier Möglichkeiten einer Neuorganisation der Werkstatt unter rehabilitativen Gesichtspunkten.

Zusammenfassung

- Beim Arbeiten sind alle vier Schichten der Handlungssteuerung gefordert.
- Um arbeiten zu können, müssen »von unten« Handlungen geordnet, kultiviert werden, während »von oben« das Ich steuernd eingreift.
- Damit dies geschehen kann, müssen die seelischen, funktionellen und körperlichen Kräfte und Prozesse so durchgeformt und umgebildet werden, daß sie den Intentionen des Ich überhaupt verfügbar werden, wohingegen das Ich in die Lage versetzt werden muß, frei und selbstbewußt zu agieren.
- Wie man das Arbeiten nur durch arbeiten lernt, so lernt man auch diese personbezogenen Arbeitsfähigkeiten und ihre Voraussetzungen durch (praktische) Arbeit.
- Deshalb kann Arbeit ein Instrument der Rehabilitation sein.
- Die lernrelevanten Anforderungen bzw. die Lernchancen der Arbeit findet man durch die systematische Analyse der in einer Einrichtung oder Werkstatt vorhandenen Arbeiten heraus, bei der einerseits nach acht Arbeitsstufen vorgegangen und andererseits gefragt wird, welche Anforderungen auf jeder Stufe an die vier Schichten der Handlungsregulation gestellt werden.
- Zwischen verschiedenen Arbeitsinhalten gibt es z. T. gravierende Unterschiede in bezug auf deren rehabilitative Wirkungen, so daß Arbeit relativ gezielt eingesetzt werden kann in der Betreuung von Menschen mit psychischer Behinderung.

Übung:

o Untersuchen Sie das »Lernprofil« *Ihres* Arbeitsplatzes unter Zuhilfenahme der hier entwickelten Begriffe!

— Legen Sie genau die Arbeit fest, die Sie untersuchen wollen.
— Gliedern Sie das Ganze nach den acht Stufen der Arbeit.
— Beginnen Sie auf jeder Stufe mit einer Ablaufbeschreibung.
— Arbeiten Sie typische Probleme dieser Arbeitsphase heraus.
— Klären Sie zunächst die rein fachlichen, dann auch die körperlichen, funktionellen, seelischen und ichhaften Anforderungen an der gewählten Tätigkeit.
— Schreiben Sie dann dazu, was man jeweils dabei lernen kann.

II. Teil

Praktische Gesichtspunkte zur Einrichtung von Werkstätten für die Rehabilitation durch Arbeit

Wir haben uns im ersten Teil dieser Handreichung mit der Frage beschäftigt, wieso praktische Arbeit überhaupt als Mittel der Rehabilitation psychisch behinderter Menschen eingesetzt wird, welche rehabilitativen Wirkungen sie entfalten kann und wie man sie zu erkennen vermag. Diese mehr grundsätzlichen Überlegungen können zum einen die Sicherheit geben, daß hier tatsächlich ein wichtiges Instrument für den Übergangsbereich enthalten ist, und sie können zum anderen den Blick schärfen, solche rehabilitativen Chancen der Arbeit konkret herauszufinden.

In den folgenden beiden Teilen geht es nun um praktische Gesichtspunkte: Wie muß man es im einzelnen beginnen, daß Arbeit jene theoretisch wohl einsichtigen Wirkungen entfaltet? Wie stellt man es an, die Schätze, die in der Arbeit verborgen liegen, auch wirklich zu heben? Diese Frage ist besonders deshalb aktuell und wichtig, weil man heute Arbeitsformen beobachten kann, die für denjenigen, der sie längere Zeit ausüben muß, alles andere als gesundend oder persönlichkeitsfördernd wirken. Vielmehr haben lange Erfahrungen und systematische Untersuchungen gezeigt, daß Arbeit — etwa unter ständigem Zeitdruck oder in arbeitsteilig sehr zerstückelter Form — nicht nur körperlich sehr belastend wirkt, sondern seelisch geradezu zerstörerische Wirkungen entfalten kann, indem sie »selbstentfremdend« wirkt, Interessen lähmt, Selbständigkeit untergräbt, Ich-Impulse hemmt, Psychosen fördert usw. Offensichtlich gilt auch von der Arbeit, was für jedes Heilmittel gilt: In falscher Dosierung und Anwendung wird es zum Gift, und umgekehrt kann jedes Gift, richtig dosiert und verabreicht, auch heilende Wirkungen entfalten. So gesehen, sind die heute im »normalen« Arbeitsleben verbreiteten Arbeitsformen offenbar solche, die aus dem möglichen Heilmittel eher ein Gift machen.

Gefahr einer »krankmachenden« Gestaltung der Arbeit

Insofern ist bei der Einrichtung von Werkstätten im Rahmen der Rehabilitation Vorsicht geboten. Man kann nicht einfach heute in der Wirtschaft gängige Arbeitsformen übernehmen, die häufig in anderen Zusammenhängen als »krankmachend« beschrieben werden. Sondern es ist notwendig, eigene angemessene

Formen zu finden, die es möglich machen, Arbeit so heilsam einzusetzen, daß sie die Fähigkeiten zu selbständigem und selbstbewußtem Handeln entwickeln hilft.

Wir wenden uns in diesem II. Teil der Handreichung zunächst der Frage nach der Einrichtung der Werkstätten zu. Im nächsten Teil stehen die Vorgehensweisen des Arbeitsleiters im Vordergrund.

Man kann beim Aufbau einer Einrichtung wiederum nach vier Leitfragen vorgehen (in denen der aufmerksame Leser die Aspekte wiederfinden wird, die auch der Gliederung der vier Schichten der Handlungssteuerung zugrundeliegen, die im I. Teil herausgearbeitet wurden), nämlich:

Leitfragen
1. Wie müssen die *physischen Voraussetzungen* und materiellen Grundlagen beschaffen sein; wie soll der Bau aussehen; welche Ausstattungsgegenstände sind notwendig; welche Arbeiten kommen überhaupt in Frage, usw.

2. Wie sollen die *funktionellen Zusammenhänge* geordnet und eingerichtet werden? Dies betrifft vor allem die Arbeitsteilung, die wirtschaftlichen Prozesse, auch Fragen der Werkstattordnung, der Gliederung der Durchläufe, usw.

3. Was kann man für die Ausgestaltung der seelischen Seite der Einrichtung tun, die sich in *Betriebsklima* und »Wir-Gefühl«, in den charakteristischen Haltungen und Stimmungen der Mitglieder, in den sozialen Beziehungen usw. äußert?

4. Was kann für die *Identifikation* der Mitarbeiter und Betreuten getan werden; welche Identifikationsformen sind überhaupt angebracht und wie kann man sie fördern?

Legt man diese vier Fragen zugrunde, erhält man eine gewisse Vollständigkeit und Ganzheitlichkeit der Betrachtung. Wir wollen uns in diesem II. Teil besonders den ersten beiden Leitfragen widmen, während im III. Teil mehr auf die Fragen 3 und 4 eingegangen wird.

1. Die sachlichen Voraussetzungen und Gegebenheiten der Werkstätten für die Rehabilitation durch Arbeit

a) Zu den Gebäuden und Ausstattungen

Aus den Überlegungen des I. Teils zur Rehabilitation durch Arbeit ist deutlich geworden, daß die Arbeit dann ihre rehabilitative Wirkung am besten entfaltet, wenn es sich um ernsthafte, reguläre, ganz »normale« Arbeit handelt. Grundsätzlich wirkt an der Arbeit ihre Sachgesetzlichkeit, Verbindlichkeit und Objektivität besonders günstig im Rahmen der Stabilisierung von Menschen mit psychischen Behinderungen. Dies bedeutet, daß in Einrichtungen, die Rehabilitation durch Arbeit pflegen wollen, möglichst »normale« Arbeit stattfinden sollte, daß hier gerade nicht — im Unterschied etwa zu Dauereinrichtungen oder auch zu Werkstätten für körperlich und geistig behinderte Menschen — die Arbeit an die Behinderung »angepaßt« werden soll, sondern die Konfrontation mit »richtiger« Arbeit notwendig ist (was, wie wir im III. Teil noch sehen werden, natürlich nicht ausschließt, daß in der einzelnen Werkstatt der Arbeitsleiter die Arbeit so »arrangieren« muß, daß sie den einzelnen Betreuten optimal fördert).

»Normale« Werkstätten

Dieser Grundgedanke bedeutet für den Bau und die Einrichtung der Werkstätten, daß im Prinzip nicht Rehabilitationsgesichtspunkte ausschlaggebend sein sollten, sondern die sachlichen und technischen Erfordernisse der jeweiligen Arbeit. Es wäre falsch im Sinne der Rehabilitation durch Arbeit, wenn man eine besondere »Handwerksromantik« durch die Einrichtung der Werkstätten erzeugen wollte, oder wenn man Kuhställe ausschmücken und besonders gemütlich bauen würde. Das Nüchterne, Sachdienliche der Werkstatteinrichtungen sollte durchaus im Vordergrund stehen, wie dies dem Charakter der realen Arbeit entspricht. Auch besondere technische Arbeitshilfen usw. sind nur dann angebracht, wenn dies der Arbeitsleiter sachlich für sinnvoll hält, aber nicht allein schon deshalb, weil hier psychisch behinderte Menschen arbeiten. Hier sollte durchaus »Normalität« herrschen, d. h. diejenigen, die solche Werkstätten aufbauen und einrichten, sollten sich nach genau denselben Gesichtspunkten richten, wie sie dies täten, wenn es sich nicht um eine Behindertenwerkstatt,

Keine »Handwerksromantik«

sondern eine reguläre Arbeitsstätte handeln würde.

Dies gilt mit zwei Ausnahmen, die aber nicht ausschließlich für Rehabilitationswerkstätten zutreffen: Es sollte nach Möglichkeit vom Bau her in jeder Werkstatt ein ausreichend großes Besprechungszimmer für Werkstattkonferenzen eingeplant werden, das u. U. auch gegen Lärm geschützt ist, und es sollte daran gedacht werden, daß die Architektur der Gebäude sehr viel mit dem Betriebsklima und dem Wohlbefinden der hier Arbeitenden zu tun hat. Was also für alle Betriebsstätten gilt, sollte hier besonders beachtet werden, daß man nämlich auf eine ansprechende, klar gegliederte, übersichtliche Bauweise achtet. Ganz besonders sollten vom Grundriß her keine isolierten Räume entstehen, damit die Arbeitsgruppe sich wahrnehmen und ggf. Kontakt halten kann. Auch lange, finstere Gänge oder lichtlose, verwinkelte Lagerkeller dürften Menschen mit psychischen Behinderungen besondere Schwierigkeiten bereiten.

Besprechungsräume

Übersichtliche, sozial förderliche Bauweise

b) Zur technischen Ausstattung der Werkstätten

Wieder gilt als oberstes Prinzip, daß sich die technische Ausstattung primär nach dem richten muß, was sachlich für die Ausführung der jeweiligen Arbeit geboten ist und dem sonst üblichen Standard entspricht.

Wenn dies auch als »Generallinie« gilt, so sind jedoch zusätzliche Überlegungen angebracht:

Zunächst ein grundsätzlicher Gedanke: Wir haben gesehen, daß beim Einsatz der Arbeit als Rehabilitationsmittel nicht der Leistung, dem Arbeitsergebnis das Hauptaugenmerk gilt, sondern dem, was sonst eher unbemerkt und ungewollt als Rückwirkung auf den Arbeitenden aus dem Arbeitsprozeß hervorgeht. Man kann diese Rückwirkungen auch als *Anpassungsleistungen* des Arbeitenden an Forderungen der Arbeit interpretieren. Solche Anpassungsleistungen

Notwendige Diskrepanz zwischen Können und Anforderung

kommen selbstverständlich nur dann zustande, wenn zwischen Anforderungen und realem Können und Vermögen des Arbeitenden eine gewisse Diskrepanz herrscht, wenn also der Stand der Fähigkeiten dem *nicht* oder noch nicht entspricht, was verlangt wird. Wenn die Betreuten alles können würden, was sie für die Arbeit brauchen, dann könnten und müßten sie ja hier nichts mehr lernen.

Dieser einfache — und oft übersehene — Grundsachverhalt ist aber für die Einrichtung der Werkstätten durchaus folgenreich. Er bedeutet nämlich, daß — anders, als man dies z. B. in der Industrie gewohnt ist — alles getan werden muß, um diese Diskrepanz zwischen Fähigkeiten und Anforderungen bewußt *zuzulassen*, und daß alles unterlassen werden muß, was diese Diskrepanz äußerlich überbrückt, ohne daß sie durch den *persönlichen Lernprozeß* der Arbeitenden geschlossen worden wäre!

Gefahren des Technikeinsatzes

Jede industrielle oder bürokratische Arbeitsorganisation zielt genau auf das Gegenteil, nämlich darauf, den Arbeitsprozeß so weit wie möglich *unabhängig* zu machen vom Stand der Fähigkeiten der Arbeitenden bzw. von ihren Tugenden oder ihrer moralischen Integrität. Das war das ausgesprochene Ziel der Rationalisierungsmaßnahmen des sog. »Taylorismus«, der die industrielle Arbeitsorganisation jahrzehntelang entscheidend prägte. Viele technische und organisatorische Vorkehrungen ersetzen unmittelbar menschliche (Un-)Fähigkeiten und verschleiern damit mögliche Diskrepanzen zwischen Können und Anforderungen, ohne daß der Arbeitende sich bewegen, sich entwickeln muß. Automatische Fehleranzeigen z. B. reduzieren die Anforderungen an Wahrnehmung und Kontrolle, Maschinen ersetzen Handgeschick, formelle Organisation hierarchische Kontrollen. Technische Vernetzungen verbinden die arbeitsteilig erstellten Arbeitsabschnitte, ohne daß die Arbeitenden dazu entsprechende soziale Fähigkeiten entwickeln müßten. Arbeitszerlegungen machen die Produktion unabhängig von komplexeren Fachqualifikationen der Arbeitenden. Alle Vorkehrungen sind einerseits »Entlastungen« der arbeitenden Menschen von hohen

Problematische »Entlastungen«

Anforderungen und Fehlerrisiken — andererseits aber auch »Entlastungen« von Lernchancen und Lernforderungen. Es handelt sich um eine Art »Prothesen« im Seelischen, die dann zulässig sein mögen, wenn keine Entwicklung mehr möglich ist, die zu früh eingesetzt Entwicklung gerade blockieren!

In einem Arbeitseinsatz, in dem es weniger auf schnelle und kostengünstige Leistung ankommt als auf das, was gelernt werden kann durch die Arbeit, sind all diese »Entlastungen« weitgehend sinnlos. Hier liegt der gravierende Unterschied zwischen der Rehabilitation und der Einrichtung von Dauerarbeitsplätzen für Behinderte, an denen solche »Entlastungen« vielleicht die entscheidenden Voraussetzungen dafür sind, daß ein behinderter Mensch überhaupt diese Arbeit verrichten kann. *Im Rahmen der Rehabilitation verringern diese Entlastungen dagegen eher wichtige Lernchancen.* In der Praxis muß stets eine »mittlere« Ebene des Technikeinsatzes gefunden werden, die nötige Entlastungen bietet, ohne individuell wichtige Lernchancen zu nehmen.

Technik im Reha-Bereich

Dies muß man im Auge haben, wenn man technische und organisatorische Hilfsmittel einsetzt. Unter Rehabilitationsgesichtspunkten wäre z. B. eine weitgehend technisierte Landwirtschaft mit großem Maschinenpark eher ungünstig, ebenso jede Art von Teilautomatisierung oder Taylorisierung der Arbeit, d. h. ihre Zergliederung und mechanische Vernetzung. Es hat nichts mit Romantik oder Weltferne zu tun, wenn Rehabilitationseinrichtungen bei der Technisierung und Rationalisierung ihrer Werkstätten eher zurückhaltend sind. *Grundsätzlich sollte hier das, was von Menschen »gekonnt« werden kann, auch Menschen abverlangt werden.*

Das gilt mit zwei Einschränkungen: Zum einen sollte man dort durchaus technische oder organisatorische »Entlastungen« einsetzen, wo die Betreuten aus eigener Kraft wirklich nicht weiterkommen und deshalb an weitergehende, für sie wichtige Lernanforderungen gar nicht herankommen. Auch bevor jemand die gedanklichen Anforderungen einer Zinkenverbindung bewältigt, weil er schon mit dem Hobeln nicht zurecht kommt, kann es zweifellos sinnvoll und notwendig sein, ein Brett durch die Hobelmaschine zu schieben oder das Hobeln arbeitsteilig zu erledigen. Zum anderen bietet selbstverständlich — wie oben ausgeführt — die Welt der Maschinenarbeit und der industriellen Arbeitsorganisation vielfältige, besondere und gezielt einsetzbare Lernchancen, die dort, wo sie hingehören, durchaus bewußt genutzt werden sollten. Es ist nur sinnvoller, dafür einen gesonderten Arbeitsbereich zu schaffen und nicht, viele verschiedene Arbeiten (und damit deren Lernchancen) durch Maschineneinsatz und »entlastende« Arbeitsorganisation »gleichzuschalten«. Darin sehen wir die Hauptgefahr des Maschineneinsatzes, daß durch ihn die Besonderheiten der Anforderungen verschiedener manueller Arbeiten weitgehend verloren gehen und an ihrer Stelle überall gleiche Einstell- und Maschinenführertätigkeiten auftreten.

Man kommt hier jedoch an eine Grenze der rehabilitationsgemäßen Arbeitsgestaltung. Viele Betreute sehen es überhaupt nicht ein, warum sie sich quälen sollen, wenn es für diese Arbeit doch »ein Motörchen« gibt. Darüber trägt oft auch die beste Lernmotivation nicht hinweg. Die Erfahrung zeigt, daß es pragmatisch vertretbar ist, Maschinenkraft auch in der Behinderteneinrichtung überall dort einzusetzen, wo dies »draußen« heute eine Selbstverständlichkeit ist, *vor allem bei der Entlastung von schweren körperlichen Arbeiten* oder bei vielen Techniken der Metallbearbeitung, die ja auch manueller Ausführung keine »produktiven« Chancen mehr bieten. Die Lernchancen der Mechanisierung ergeben sich vor allem aufgrund der Anforderungen an Vorplanen, analytischer Zerlegung der Arbeit, Vor-denken des gesamten Ablaufs, Wachheit und Vorsicht, Wahrnehmungsvermögen, technisches Verständnis usw.

c) Zur Auswahl der Arbeitsbereiche

Jeder, der an den Einsatz der Arbeit im Rahmen der Rehabilitation denkt, muß sich zuerst mit der Frage auseinandersetzen, *welche* Werkstätten, welche Arbeitsbereiche er auswählen soll.

In aller Regel dürfte sich dem Arbeitsleiter in der Praxis diese Frage nicht völlig unbestimmt und offen stellen, sondern er wird bereits *Rahmenbedingungen vorfinden*, die diese Entscheidung in gewisser Weise vorstrukturieren: Regionale Bedingungen, Platzfragen, aber auch z. B. die Frage, welche Fachleute als Werkstattmitarbeiter zur Verfügung stehen. Diese Bedingungen müssen selbstverständlich beachtet werden.

Sozial verbindliche, »produktive« Arbeit

Eine ganz entscheidende Vorbedingung ergibt sich aus folgender Überlegung: Wie aus den Erörterungen um die acht Arbeitsphasen deutlich geworden sein dürfte, kann Arbeit nur dann ihre vollen rehabilitativen Möglichkeiten entfalten, wenn sie nicht einfach »Basteln« ist, sondern *ernsthafte Arbeit* in dem Sinne, daß sie auf die *Befriedigung von Bedürfnissen anderer Menschen* zielt, daß sie damit gewissen Gebrauchs- und Qualitätskriterien unterliegt und sich insgesamt vor anderen bewähren muß. Das heißt, daß grundsätzlich dieser Arbeitsansatz sich von »Beschäftigungstherapien« gerade durch das Moment *sozialer Verbindlichkeit* unterscheidet und in diesem sozialen Sinne ernsthafte Arbeit für andere, »produktive« Arbeit ist, die z. B. auch gewisse wirtschaftliche Grenzen einhalten muß. Es sollte sich in jedem Fall um eine Arbeit handeln, die von anderen gebraucht wird, nach der eine Nachfrage besteht und für die die Kunden auch bereit sind, einen angemessenen Preis zu zahlen.

Dieser Aspekt ist für die Rehabilitation wichtiger als manche inhaltliche Festschreibung, so daß man grundsätzlich sagen kann:

○ Es sollten nur solche Arbeitsbereiche in die Einrichtung aufgenommen werden, für deren Produkte ein gewisser regelmäßiger Absatz erwartet und ein angemessener Preis erzielt werden kann.

Da dies wiederum von vielen regionalen und anderen Bedingungen einer Einrichtung abhängt, sollte man beim Aufbau von Werkstätten zuerst diese Frage sehr genau prüfen, d.h. man sollte von den *Marktchancen* her den Bereich möglicher Arbeiten zu klären versuchen und nicht allein von bestimmten inhaltlichen Vorstellungen. Und zwar sollte man dies wegen der rehabilitativen Wirkungen der Arbeit tun, nicht primär aus wirtschaftlichen Gründen!

Es soll betont werden, daß wir an dieser Stelle durchaus von der Rehabilitation her argumentieren, nicht von den finanziellen Bedürfnissen der Einrichtung oder der eigenen Werkstatt. Man muß diese beiden Aspekte auseinanderhalten. Unser entschiedenes Plädoyer für produktive Arbeit, also absetzbare, verkaufbare Produkte, ist etwas ganz anderes als die Forderung nach einer sich wirtschaftlich selbst tragenden Werkstatt, die in diesem Zusammenhang nicht angestrebt werden kann. Sie ist mit der Gefahr verbunden, daß rehabilitative Gesichtspunkte zu kurz kommen. Das ändert nichts daran, daß auf der anderen Seite auch in der Rehabilitation auftrags- und kundenorientiert gearbeitet werden soll und die Erzeugnisse nach Qualität und Preis Marktniveau erreichen müssen. Dazu gehört selbstverständlich auch, daß innerhalb der Werkstatt auf sparsamen Materialverbrauch usw. geachtet werden muß, aber eben wiederum aus rehabilitativen Erfordernissen, (hier z.B. um sorgsamen Umgang mit knappen Gütern zu lernen) und nicht deshalb, weil die Einrichtung zu geringe Mittel hat.

Selbsttragende Werkstatt?

Man sollte bei der Einrichtung von Werkstätten eher solchen Arbeiten den Vorzug geben, von denen man *unter gegebenen Bedingungen* erwarten kann, daß für ihre Erzeugnisse ein Markt gefunden werden kann, und nicht solchen, die vielleicht von ihren inhaltlichen Anforderungen her unter Lerngesichtspunkten

Marktfähige Produkte

besonders wünschenswert erscheinen, bei denen aber gerade nicht jenes Element sozialer Verbindlichkeit, jener Aspekt der ernsthaften, anerkannten Leistung für andere gegeben wäre. Das läßt sich inhaltlich nicht präzise angeben, weil für jede Arbeit sehr verschiedene Bedingungen gegeben sein können. Handwebereien z. B. bilden einen Grenzfall, auch handwerkliche Schuhmachereien, Bäckereien usw. Es kann Konstellationen geben, unter denen deren Produkte verkaufbar sind, aber diese sind vorab genau zu prüfen.

d) Zur Problematik der Handwerke

Problem handwerklicher Qualität

Eine dieser Bedingungen, unter denen auch sonst wenig marktfähige Produkte durchaus Käufer finden können, ist deren *besondere Qualität*. Töpferwaren etwa finden heute durchaus Käufer, wenn es sich um gute Formen und exzellente Glasuren handelt. Dasselbe kann für handgewebte Teppiche gelten, und es gilt letztlich auch für die in Behinderteneinrichtungen oft sehr beliebten Möbelschreinerarbeiten.

Im Falle der Reha-Einrichtung gerät man hier in ein Dilemma. Die für das Erreichen dieses Qualitätsstandards notwendigen hohen handwerklichen Qualifikationen kann man bei den Betreuten in aller Regel weder voraussetzen noch erwarten, daß sie diese in der verfügbaren Zeit erwerben (worum es unter Rehabilitationsgesichtspunkten ja auch gar nicht geht). Aufgabe der handwerklichen Arbeitsbereiche ist es vielmehr in diesem Zusammenhang, zielgerichtetes Denken zu fördern und mit einem hohen Maß an Selbstbeherrschung zu verbinden, das über das Seelische bis in die Führung der Bewegungen und die Beherrschung des Körpers hineinreicht. Wenn es aber in den Handwerken um hohe Qualität geht, kann man oft erleben, daß die behinderten Menschen nur noch zu einfachen Zu- und Hilfsarbeiten herangezogen werden, bei denen gerade diese besonderen rehabilitativen Möglichkeiten des Handwerks ganz bestimmt nicht mehr zum Tragen kommen. Damit wird das Gegenteil erreicht von dem, was

Sinn einer solchen Werkstatt wäre.

In diesem Fall ist es zweifellos besser, einen solchen Arbeitsbereich *nicht* aufzunehmen. Statt dessen gibt es die Möglichkeit, günstigere Handwerke zu wählen, etwa einfache schlosserische Arbeiten, Näherei oder Lederverarbeitung, bei denen gute Ergebnisse auch ohne z. T. jahrelanges Erüben bestimmter Handgeschicklichkeiten erzielt werden. Die anderen, zu anspruchsvollen Techniken (wie Schreinerei, Töpferei usw.) kann man immer noch entweder im Freizeitbereich anbieten oder als spezielles therapeutisches Instrument einsetzen, bei dem es dann in erster Linie auf die manuellen Abläufe ankommt.

Auswahl von Handwerken

Diese Überlegung führt zu der Empfehlung, im handwerklichen Bereich Werkstätten zu vermeiden, die fachliche Hochleistungen erfordern. Der rehabilitative Zweck wird besser erreicht, wenn die Fachqualifikationen näher an dem liegen, was alltägliche, »normale« Geschicklichkeit ist, während eher »artistische« Anforderungen vermieden werden sollten. Daran wird ein wichtiger Unterschied der Rehabilitation durch Arbeit zur Berufsausbildung deutlich.

e) Spezialisierte Arbeit und der Gedanke der Ausgewogenheit der Werkstätten
   (Auswahl von Arbeitsaufträgen)

Oben konnte gezeigt werden, daß unterschiedliche Arbeitsinhalte u. U. ganz unterschiedliche Betonungen und Ausprägungen der acht Arbeitsphasen bzw. der ihnen entsprechenden Anforderungen aufweisen. Unter diesem Gesichtspunkt ist es bedeutsam, welche Arbeitsbereiche ausgewählt werden. Da es unrealistisch wäre, zu erwarten, daß sich eine Einrichtung nur auf Betreute mit ganz bestimmten Verhaltensproblemen — etwa solche mit Konzentrationsschwächen oder Wahrnehmungsstörungen — spezialisieren könnte (oder auch nur sollte), sollte man Arbeitsbereiche vermeiden, die in ihren personbezogenen Anforderungen sehr einseitig sind. Der Elektrobereich etwa kann unter diesem Gesichtspunkt problematisch sein, weil er zu ausschließlich den »Kopf«, die Feinmotorik oder die Geduld beansprucht. Ähnliche Einseitigkeiten können bei einfachen Montagearbeiten gegeben sein, die ohne die vorgelagerten Arbeitsphasen im Lohnauftrag übernommen werden (auch wenn solche Arbeiten im gesamten Kreis der Arbeitsangebote einer Einrichtung sehr interessant sein können). Im allgemeinen sollte man im Sinne der acht Arbeitsphasen »ausgewogene« Arbeiten einrichten, die auch den Arbeitenden in allen vier Schichten der Handlungssteuerung (körperliche Grundlage, funktionelle Prozesse, innerseelische Kräfte und Ich-Impulse) fordern. Hier zeigt sich, daß beide Gliederungen Anhaltspunkte dafür geben können, warum eine Arbeit »ganzheitlich« ist — dann nämlich, wenn sie alle acht Phasen umfaßt und alle vier »Schichten« beansprucht.

Ganzheit und Ausgewogenheit

Integriert man dennoch sehr hoch spezialisierte Arbeiten, dann ist es nötig, dafür zu sorgen, daß innerhalb der Einrichtung zugleich noch andere, vielleicht ebenfalls spezialisierte Arbeitsbereiche vertreten sind, deren Anforderungen zueinander möglichst komplementär sind, sich also ergänzen. Damit ist zugleich die Frage des Wechsels zwischen den Arbeitsbereichen mit dem Ziel einer möglichst umfassenden Förderung ausgesprochen (s. u.).

Sich ergänzende Arbeitsbereiche

Ganz allgemein hat es sich bewährt, bei der inhaltlichen Auswahl der Arbeitsbereiche nach Möglichkeit darauf zu achten, daß die oben genannten *vier Hauptbereiche* — landwirtschaftliche, handwerkliche, industrienahe und Dienstleistungsarbeit — *einigermaßen ausgewogen* in der gesamten Einrichtung vertreten sind. Damit kann man bereits sicher sein, die wesentlichen Ausprägungen der für die Rehabilitation wichtigen Anforderungen eingeschlossen zu haben.

Vier Hauptbereiche sollen vertreten sein

Steht in der Reha-Werkstatt auch der persönliche Lernprozeß der dort Arbeitenden im Vordergrund, so unterscheidet sie sich von der Ausbildungswerkstatt dadurch, daß es hier nicht um die Vermittlung von Fachqualifikationen, nicht um das fachmännische Beherrschen eines Berufsgebietes geht, sondern um das

Fachliches und personenbezogenes Lernen

Benutzen jener grundlegenden, persönlichkeitsnahen Lernchancen praktischer Arbeit. Fachbezogene Lernprozesse sind allenfalls Mittel für diesen tiefer liegenden Entwicklungsverlauf, indem man an ihnen oder durch sie die allgemeinen Fähigkeiten bilden kann. Zumindest für die ersten Phasen der Rehabilitation braucht sich die Werkstatt nicht nach der vorgegebenen Berufssystematik oder einem Berufsbild zu richten, sondern sie ist frei, jene rehabilitativen Gesichtspunkte in den Vordergrund zu rücken. Dies gilt sowohl inhaltlich wie methodisch.

Inhaltlich ist es sinnvoll, die Hauptarbeitsverfahren des jeweiligen Arbeitsbereichs im Hinblick auf ihre zentralen Lernchancen zu untersuchen mit Hilfe unseres Analyseschemas (s. o.) und dann darauf zu achten, daß diejenigen Arbeitsverfahren, die sich als besonders wichtig herausstellen, bei den Arbeitsaufträgen dieser Werkstätten auch angemessen vertreten sind. Für die Blech- und Bauschlosserei wären dies z. B.: Planen, Anreißen, Schneiden, Sägen, Biegen und Abkanten, Feilen, Bohren, Löten, Schweißen, Schrauben. Hat man grundsätzlich die wichtigsten Arbeitsverfahren eines Bereichs auf ihre Lernchancen hin untersucht (die ja bei den verschiedenen Arbeitsaufträgen in unterschiedlicher Gewichtung und Zusammensetzung wiederkehren), muß man nicht jeden Arbeitsauftrag neu analysieren. Für den Auftrag genügt es dann, seine fachlichen Anforderungen, also die benötigten Verfahren zu klären. Bestimmen von Lernchancen

Methodisch steht im Mittelpunkt der Arbeitsbereiche der einzelne Auftrag bzw. die Arbeitsaufgabe. Es sollte sich um überschaubare, sachlich verständliche und in absehbaren Zeiten zu bewältigende Aufgaben handeln. Wichtig ist, wie schon erläutert, daß die Arbeit in dem Sinne »ganzheitlich« ist, daß alle acht Phasen eines Arbeitsprozesses in der Werkstatt vertreten sind, auch wenn u. U. Betreute zunächst nur an einem Ausschnitt des ganzen Prozesses mitarbeiten, und die Möglichkeit besteht, alle vier »Schichten« des Handelns zu fordern. U. U. ist es dafür auch nützlich, die Phasengliederung der Arbeit besonders hervorzuheben und klare Zäsuren zu schaffen. »Ganzheitlichkeit« der Arbeit

Zusammenfassung

o Arbeit wirkt nicht immer und selbstverständlich »persönlichkeitsfördernd«, sondern sie kann auch »krankmachend« wirken.
o Deshalb ist die Frage, wie sie gestaltet werden muß, damit sie »persönlichkeitsförderlich« wirkt, für den Reha-Bereich besonders wichtig.
o Dies kann jedoch nicht bedeuten, daß man »Sondersituationen« in den Werkstätten schafft, sondern grundsätzlich geht es um die Ausführung regulärer, ernsthafter Arbeit in Werkstätten, die in erster Linie nach sachlichen und technischen Gesichtspunkten gebaut und eingerichtet werden sollen.
o Darüber hinaus sollte beim Bau besonders beachtet werden, daß man sich in diesen Gebäuden wohlfühlen kann, daß eventuell ängstigende Räumlichkeiten und soziale Isolierungen vermieden werden.
o Bei der Einrichtung von Werkstätten sollten primär die lokalen Bedingungen und Gegebenheiten berücksichtigt werden (Aspekt der »physischen Voraussetzungen«).
o Produkte herzustellen, die am örtlichen Markt auch verkäuflich sind, ist in diesem Zusammenhang weniger aus wirtschaftlichen, sondern gerade aus rehabilitativen Gründen wichtig. »Überflüssige« Produkte herzustellen schadet der Verbindlichkeit und damit der Rehabilitation. Nicht absetzbare Waren demoralisieren, machen lustlos (innerseelischer Aspekt).
o Betreute sollten den Weg der Produkte bis zum Käufer kennenlernen, auch den vom Naturprodukt bis zum verarbeiteten Material (funktioneller Aspekt).
o Eine sich wirtschaftlich selbst tragende Werkstatt ist im Reha-Bereich in aller Regel nicht erreichbar.
o Bei der Einrichtung von Handwerksbereichen muß darauf geachtet werden, daß sie die Betreuten nicht fachlich überfordern oder zu Hilfsarbeitern machen.
o Nach Möglichkeit sollte jede Werkstatt so weit »ganzheitliche« Arbeit bieten, daß sie alle acht Arbeitsphasen — vom Entdecken der Aufgabe bis zur Auswertung — und alle vier Schichten der Handlungssteuerung einschließt.

- Die Werkstätten einer Einrichtung sollten sich gegenseitig hinsichtlich ihrer lernrelevanten Anforderungen ergänzen. Einseitige Schwerpunkte müssen rechtzeitig erkannt und vermieden werden. Insgesamt muß in der Reha-Einrichtung jederzeit eine möglichst umfassende Förderung im Sinne aller Arbeitsstufen und Anforderungsarten möglich sein.
- Technische und organisatorische Hilfsmittel drohen oft, wichtige Lernchancen zu zerstören und müssen in dieser Beziehung genau untersucht werden. In vielen Fällen ist Maschineneinsatz im Reha-Bereich unter »Lerngesichtspunkten« problematisch; er bietet aber auch eigene, u.U. wichtige Lernchancen.

Übungen:

o Prüfen Sie, ob in Ihrer Einrichtung die hier behandelten Gesichtspunkte für eine »persönlichkeitsfördernde« Gestaltung der Arbeit berücksichtigt sind, welche u. U. fehlen oder wo Sie den Eindruck haben, bessere Lösungen als die hier vorgeschlagenen gefunden zu haben.
o Wo wird in Ihrer Einrichtung Unproduktives, Überflüssiges, Nicht-Marktfähiges hergestellt? Wie läßt es sich vermeiden?
o Entwerfen Sie ein »Profil der lernrelevanten Anforderungen« aller Arbeitsbereiche Ihrer Einrichtung.
o Bestimmen Sie zunächst, in welchen Werkstätten welche der acht Arbeitsphasen vorhanden sind.
o Charakterisieren Sie die wichtigsten Anforderungen jeder Werkstatt in jeder Phase und versuchen Sie, sich ein Bild über Einseitigkeit oder Ausgewogenheit der gesamten Einrichtung zu machen.
  Welche Art von Arbeitsbereich ist bei Ihnen unter Reha-Gesichtspunkten überflüssig, welche Anforderungsart fehlt vielleicht ganz?
o Verfolgen Sie in jeder Werkstatt bei den verschiedenen Arbeitsaufträgen, welche Arbeitsschritte und Arbeitsphasen sie enthalten. Machen Sie sich ein Bild davon, inwieweit sie »ganzheitliche« Anforderungen enthalten oder nicht.
  Wo sollte etwas verändert werden — und wie?

Diese Übungen sollten möglichst von Teams oder Konferenzen erarbeitet werden!

2. Ordnung und Gliederung der funktionellen Zusammenhänge in den Werkstätten

a) Zum täglichen Arbeitswechsel

Die Rehabilitationseinrichtung sollte einen *Arbeitswechsel* systematisch ermöglichen und eine *Stufung* des Arbeitsdurchgangs vorsehen.

Insbesondere in den ersten Monaten des Aufenthaltes sollte den Betreuten als eine wichtige Hilfestellung ein möglichst deutlich rhythmisch gegliederter Tagesablauf angeboten werden, weil die Kraft zu einem eigenen, von innen bestimmten Tagesrhythmus meist fehlt. Wir konnten beobachten, daß es nach längerem Klinikaufenthalt für viele schwierig war, sich den Anforderungen eines geregelten Tagesablaufs zu stellen. Hinzu kommen schnelle Ermüdbarkeit, noch weitgehend fehlende Ausdauer und die Schwierigkeit, sich in einer fremden sachlichen und sozialen Umgebung zurechtzufinden. Nicht zuletzt sind am Anfang erhebliche Motivationshürden zu übersteigen: Lustlosigkeit, das Gefühl, daß ohnehin alles sinnlos ist, oder auch einfach die mangelnde Bereitschaft, sich zu mühen oder die Hände schmutzig zu machen.

Rhythmus ersetzt Kraft

Angesichts dieser Schwierigkeiten hat es sich außerordentlich gut bewährt, *den Arbeitstag in zwei je dreistündige (oder gar drei etwa zweistündige) Arbeitsabschnitte zu gliedern*, die in *verschiedenen* Werkstätten bzw. Arbeitsbereichen zugebracht werden. Um möglichen Belastungen vorzubeugen, die bei diesen Arbeitswechseln vor allem dadurch auftreten können, daß sich der Betreute ständig auf andere Gesichter einstellen muß, sollten zunächst Werkstätten ausgewählt werden, in denen kleine Gruppen und möglichst schon bekannte Menschen arbeiten. Als sehr günstig hat es sich auch erwiesen, einen dieser Arbeitsbereiche so zu wählen, daß der Neue dort mit denen zusammenarbeitet, mit denen er auch zusammen wohnt. Ideal ist die Konstellation zum einen in der Hauswirtschaft des eigenen Wohnhauses bzw. Heimbereiches tätig zu sein und zum anderen erste vorsichtige Fühler in eine Werkstatt mit einigen »Fremden« auszustrecken.

Arbeitswechsel innerhalb eines Tages

Die Erfahrung zeigt, daß mit dieser Regelung des Arbeitswechsels die Abwesenheitszeiten oder gar erneute Klinikaufenthalte deutlich gemindert werden können. Das Interesse an der Arbeit wächst, Abwehrhaltungen werden abgebaut und insgesamt gelingt der »Einstieg« in die Arbeit nach z. T. jahrelanger Entwöhnung besser.

Werkstätten mit »polaren« Anforderungen

Eine interessante Frage ist es, *welche Arbeitsbereiche dem einzelnen im Tagesablauf nacheinander angeboten werden sollten*. Grundsätzlich sollte das von den Rehabilitationserfordernissen des einzelnen Betreuten abhängig gemacht werden. Es hat sich jedoch als allgemein richtig herausgestellt, möglichst solche Arbeitsbereiche zu kombinieren, deren personbezogene Anforderungen in einer gewissen *Polarität* zueinander stehen, z. B. Hauswirtschaft (relativ sozial isolierte Arbeit) und Gruppenmontage (sozial stark integrierte Tätigkeit), nicht aber Hauswirtschaft und etwa eine Situation im Garten, bei der der Betreute ebenfalls alleine arbeitet, usw. Wünschenswerte »polare« Kombinationen sind:
— Innenarbeit / Außenarbeit,
— Einzelarbeit / Gruppenarbeit,
— Dienstleistung / stark technische Arbeit.

Durch diese Polarisierung wird die Arbeit nicht nur abwechslungsreicher und damit interessanter, sondern es werden vor allem *einseitige* Belastungen vermieden, die auch nur zu einer einseitigen Förderung führen. Dabei können die Betreuten zugleich eine Selbsterfahrung machen, nämlich daß ihre Kräfte und ihre Ausdauer sehr viel weiter tragen, wenn sie Belastungen bewußt wechseln und verteilen, wenn sie also rhythmisch ihren Tageslauf gestalten. Und es zeigt sich für sie zumindest ein prinzipieller Weg, wie sie mit krankmachenden Einseitigkeiten der Arbeitswelt umzugehen versuchen sollten im Sinne einer seelischen Hygiene.

b) Wechsel der Werkstatt im Reha-Verlauf

Der Rehabilitationsprozeß als Lernprozeß verlangt, daß die Arbeit nicht nur innerhalb eines Tages gewechselt wird, sondern auch im Ablauf der Rehabilitation immer dann, wenn das, was in einem Bereich gelernt werden konnte und sollte, auch tatsächlich gelernt wurde, oder wenn es sich herausstellt, daß der Betreute zur Zeit dieses Lernangebot nicht ergreifen kann. Auch daran wird deutlich, daß im Vordergrund der Bemühungen in der Reha-Werkstatt stets der Entwicklungsprozeß der Arbeitenden und nicht nur die individuelle Leistungsfähigkeit steht. Für die Produktivität der Werkstatt wäre es zweifellos dienlicher, erfahrene, geübte und gut eingearbeitete Rehabilitanten zu haben, also Betreute möglichst lange zu behalten. Es geht bei den Lernzielen, von deren Erreichen der Arbeitswechsel abhängig gemacht werden sollte, selbstverständlich nicht um fachliche Qualifikationen, sondern um jene Schicht grundlegender Handlungsfähigkeiten, von denen oben ausführlich die Rede war. Wenn jemand in der Schreinerei arbeitet, weil er sein Konzentrationsvermögen verbessern soll, sollte man dieses Ziel im Auge behalten und sich dann, wenn man tatsächlich Fortschritte bemerkt, fragen, was für ihn nun als nächstes zu lernen ist und in welcher Werkstatt dies mit welchen Tätigkeiten am besten zu bewerkstelligen wäre.

Zeitpunkt des Werkstattwechsels

Es zeigt sich, daß der Gedanke des systematisch aufeinanderfolgenden Arbeitswechsels es notwendig macht, daß jemand — ein Mitarbeiter, ggf. auch ein Team — den Entwicklungsgang des einzelnen Betreuten wahrnimmt, begleitet, mit ihm zusammen Lernschritte bewußt erkennt und den weiteren Lernprozeß zu organisieren versucht. Die Betreuer sollen die Lernchancen der verschiedenen Arbeitsbereiche bzw. der Werkstätten gut kennen. — In der Regel werden die Betreuten auch von sich aus Vorschläge und Wünsche zum Arbeitswechsel äußern. Sie sollten auf dem Hintergrund der Rehabilitationsziele gemeinsam beraten werden. Eine Gefahr haben wir ab und zu bemerkt: Wünsche nach Arbeitsplatzwechsel können gelegentlich auf Selbstüberschätzungen oder Ängsten des Betreuten beruhen. Der gemeinsamen Beratung kommt deshalb große Bedeutung zu.

Feste Werkstatt-durchläufe?

Es ist durchaus möglich, für jeden neu eintretenden Betreuten generell einen festen, verbindlichen Werkstättendurchgang vorzugeben. Das hat den Vorteil der einfacheren Organisation und der größeren Verbindlichkeit, aber auch den Nachteil, u. U. den sehr individuell ausgeprägten Beeinträchtigungen nicht genügend gerecht werden zu können. In der Praxis bewährt sich ein Mischverfahren, bei dem trotz der Planung eines Regeldurchgangs individuelle Variationen und Schwerpunktsetzungen, vor allem auch zeitliche Verschiebungen, möglich sind. Gesichtspunkte für einen solchen Regeldurchgang werden im nächsten Abschnitt entwickelt.

c) Die Stufung des Werkstattdurchgangs

Ein weiteres Problem des unter Rehabilitationsgesichtspunkten sinnvollen Arbeitswechsels ergibt sich daraus, daß bei relativ kurzen Zyklen von einigen Wochen bis zu wenigen Monaten in vielen Bereichen, vor allem in den Handwerken, keine zufriedenstellende Fachkompetenz erreicht werden kann. Damit ist die Gefahr verbunden, daß die Betreuten an die »eigentlichen« Arbeiten dieser Bereiche nicht herandürfen, sondern Zuarbeiter bleiben, und sie überall einmal »hineinschmecken«, ohne einen Arbeitsbereich wirklich gründlich kennengelernt zu haben. Dieses Problem ist durch die *Stufung* des Rehabilitationsganges aufzulösen, von der nun die Rede sein soll.

Drei Stufen des Reha-Durchgangs

Im Gegensatz zu Werkstätten für psychisch Behinderte, die Dauerarbeitsplätze bieten wollen, orientiert sich die Übergangseinrichtung immer an einem zeitlich begrenzten Aufenthalt, der gewisse Entwicklungen und Fortschritte enthalten und an dessen Ende die Ablösung von der Einrichtung und der Übergang in einen Lebenszusammenhang mit einer längerfristigen Perspektive stehen muß. Diese charakteristische Verlaufsform wird äußerlich durch eine klare Gliederung und Stufung des Gesamtaufenthaltes ausgedrückt, wobei man hinzusetzen muß, daß sich die einzelnen Stufen zeitlich nicht genau definieren lassen, sondern daß ihre Dauer unbedingt mit dem persönlichen Entwicklungsgang der Betreuten individuell variierbar sein muß.

Es ist sinnvoll und praktikabel, folgende drei Stufen zu unterscheiden:

o eine Eingewöhnungsstufe,
o ein Lernjahr,
o eine Übergangszeit.

Die Eingewöhnungsstufe (ca. 6 Monate)

Diese hat drei Aufgaben:
Erstens steht das Einleben in der Einrichtung, das Knüpfen sozialer Kontakte und die erste Orientierung im Mittelpunkt. Alles soll kennengelernt und ein grundlegender Rhythmus soll gefunden werden. Forderungen und Verantwortung werden noch kleingeschrieben, erst ganz allmählich sollten die Leistungserwartungen steigen. Auf Pünktlichkeit, das Einhalten von Arbeitszeiten sowie aller anderen Vereinbarungen sollte von Anfang an Wert gelegt werden. Es können in dieser Eingewöhnungszeit Regeln vereinbart werden, die auf die individuellen Besonderheiten eingehen, die den einzelnen von Anforderungen weitgehend entlasten, wenn dies sinnvoll ist — wenn aber eine gemeinsame Vereinbarung getroffen wurde, muß sie auch unbedingt einzuhalten versucht werden.

Aufgaben der Eingewöhnungsstufe

Einleben in der Einrichtung

Unter diesem Gesichtspunkt haben sich in der Eingewöhnungszeit Arbeitsbereiche bzw. Tätigkeitsschwerpunkte bewährt, bei denen der Arbeitende nicht alleine, sondern in direktem Kontakt mit anderen arbeitet. Günstig ist es oft, wenn ein neuer Betreuter als »Helfer« direkt mit einem Betreuer zusammenarbeitet, so daß sich erste überschaubare stabile Sozialbeziehungen bilden können. Auch ist es gut in dieser Zeit, Arbeiten zu vergeben, deren Schwerpunkte im Rahmen eines Arbeitsbereichs liegen und erst allmählich andere Bereiche der Einrichtung miteinzubeziehen. In der Übergangseinrichtung Hof Sondern z. B. ist es zur Regel geworden, Neulinge zunächst vormittags für hauswirtschaftliche Arbeiten in dem vertrauten Wohnhaus einzusetzen, verbunden mit etwa zwei Nachmittagsstunden Mitarbeit in der »Industriewerkstatt«, der Zementabfüllerei, weil dort im Rahmen eines Gruppenprozesses gearbeitet wird, der jeden einzelnen trägt und wo von Anfang an jeder vollgültige Arbeit leisten kann.

Lernvoraussetzungen schaffen

Die zweite Aufgabe der Eingewöhnungszeit gehört bereits durchaus zum Rehabilitationsprozeß. Hier müssen die persönlichen *Vorbedingungen für das weitere Lernen* geschaffen werden, d. h. es werden zuallererst diejenigen personegebundenen Fähigkeiten entwickelt, die Voraussetzung für das »Lernen durch Arbeit« sind. Es ist keineswegs selbstverständlich, daß die nicht bewältigten Arbeitsanforderungen und die damit verbundenen Krisenerfahrungen durch Lernen, also durch persönliche Entwicklung gemeistert werden, sondern es liegt viel näher, daß die Betreuten vor solchen Lernanforderungen fliehen oder sich ihnen entziehen, sie gar nicht bemerken, tausend Entschuldigungen finden oder auch einfach immer wieder an ihnen scheitern. Es sind für diesen Entwicklungsprozeß gewisse Voraussetzungen, Fähigkeiten, innere Haltungen notwendig, die aber gerade Menschen mit psychischen Behinderungen nicht ohne weiteres gegeben sind:

Element der Lernfähigkeit: Aufnahmefähigkeit

○ Grundsätzlich muß überhaupt »Aufnahmefähigkeit« für Tatsachen und Forderungen der Außenwelt gegeben sein. Der Lernende muß sich den äußeren Gegebenheiten immer wieder neu öffnen können, ohne sich von seinen subjektiven Meinungen, Vorerfahrungen usw. den Blick verstellen zu lassen. Der Umwendungsschritt von subjektiver Befangenheit zur unbefangenen Hingabe an die Außenwelt muß vollzogen werden. Dazu gehört einerseits ein geschärftes, sachorientiertes Wahrnehmungsvermögen, andererseits inneres

Schweigen bzw. ein inneres Loslösen von sich selbst und ein Hinwenden nach außen. — Dazu können solche Arbeitselemente verhelfen, die mit *unmittelbaren* (und möglichst deutlich geäußerten) Bedürfnissen konkreter anderer Menschen verbunden sind.

- Zur Unbefangenheit und inneren Öffnung muß die Bereitschaft hinzukommen, sich *einzulassen* auf die äußeren Erfordernisse, Dinge und Menschen. Diese sollen nicht an den eigenen, mitgebrachten Maßstäben, Befürchtungen, Ängsten, Vorlieben, Geschmacksurteilen usw. gemessen werden, sondern sind in ihrem eigenen Gewicht, ihrer eigenen Bedeutung zu erfassen. Ob »mir etwas gefällt« oder ob »ich Lust zu etwas habe«, ist im allgemeinen eine außerordentlich irrelevante Feststellung, die über die Sache und deren Anforderungen nichts aussagt, sondern den Blick darauf eher verstellt. — Hier sind Arbeiten hilfreich, die erkennbar »einfach getan werden« müssen, ganz gleich, ob man persönlich diese nun schätzt oder nicht. Hier könnten z. B. Bedürfnisse anderer befriedigt werden, die für den Arbeitenden selbst vielleicht völlig unverständlich sind, die er für sich persönlich u. U. sogar ablehnen würde, etwa wenn er als Vegetarier für die Wohngruppe Fleisch zubereiten muß. *(Offenheit für Neues, Bescheidenheit)*
- Gewohnheitsmäßige Reaktionen auf bestimmte Auslöser müssen erkannt und aufgelöst werden. An die Stelle der (meist wenig weiterführenden) mitgebrachten »Spontaneität« muß »*Gelassenheit*« treten, also die Fähigkeit, seine Reaktionen in der Hand zu behalten und selbst zu bestimmen, ob man nun so reagiert oder nicht. Dazu muß eine gewisse Wachheit in einen sonst unbewußten Bereich vordringen. — Auch dabei ist es eine Hilfe, direkt mit anderen zusammenzuarbeiten bzw. für andere zu arbeiten, die einem solche spontanen Reaktionen bewußt machen können. *(Gelassenheit, Ruhe)*
- Schließlich müssen das Gefühl und die Bereitschaft dafür entwickelt werden, nach dem zu handeln, was richtig und objektiv notwendig ist. Die Frage, was denn in einem gegebenen Fall »sachangemessen« ist, muß eine selbstverständliche Haltung werden, die andere Handlungsorientierungen — etwa an dem, was man selbst will oder was man »meint« — ersetzt. Dazu gehören *(Sachlichkeit)*

auch Mut, Selbstvertrauen und Erkenntnis- bzw. Fragebereitschaft.

Das alles sind Elemente einer grundlegenden Lern- und Erfahrungsbereitschaft. Sie setzt die Fähigkeit voraus, sich selbst ein Stück weit in Frage stellen zu lassen — nicht aus chronischem Selbstzweifel, sondern aus konkreten, punktuellen Erfahrungen einer Unzulänglichkeit, einer fehlenden Fähigkeit, also einer benennbaren, objektiven, überschaubaren Problematik.

Diese grundlegende Lern- und Erfahrungsfähigkeit muß in der Eingewöhnungszeit gefördert werden. Sie ist die Basis für alles weitere und zugleich das oberste Teilziel der Rehabilitation in der Eingewöhnungszeit. Hier muß dafür gesorgt werden, daß der Betreute für die folgenden Entwicklungsimpulse überhaupt *erreichbar* wird und die »Organe« ausbildet, mit denen er sie ergreifen und verinnerlichen kann.

Diagnostische Aufgabe der Eingewöhnungszeit

Skizze der »Fähigkeitenlandschaft«

Die dritte Aufgabe der Eingewöhnungszeit besteht schließlich darin, eine Art »*Diagnose*« dessen zu erstellen, was der neue Betreute kann und was nicht, und herauszufinden, wo und in welcher Richtung er gefördert werden soll. Es muß die ganz individuelle »Landschaft« *seiner* Beeinträchtigungen und Stärken gezeichnet werden. Davon hängt die gezielte Förderung in der nächsten Stufe der Rehabilitation ab.

Um zu einem Bild des Betreuten zu kommen, ist es gut, ihn im letzten Abschnitt der Eingewöhnungszeit in möglichst vielen verschiedenen Arbeitssituationen zu beobachten — nicht nur, damit er sich darin entwickele, sondern damit erkennbar wird, wie er mit unterschiedlichen Anforderungen umzugehen in der Lage ist. Der Betreute sollte so weit wie möglich in diese Diagnosebemühungen einbezogen werden, indem man anhand der Erfahrungen mit ihm gemeinsam ein »Landschaftsbild« seiner Fähigkeiten entwirft. Er hat dabei Gelegenheit, sein Selbstbild unter Zuhilfenahme von Erfahrungen zu korrigieren, sich selbst schärfer und objektiver wahrzunehmen und dabei zugleich einzuüben, wie man

sachlich und distanziert zurückschaut. Ziel dieses Schrittes ist es, gemeinsam »Lernziele« für den Betreuten zu formulieren, sie in eine bestimmte Reihenfolge zu bringen und zu überlegen, in welchen Werkstätten mit welchen Arbeitsaufgaben und welcher konkreten Arbeitsgestaltung (s. u.) man dies am besten erreichen kann.

Eine technische Hilfe für die »Diagnose« könnte darin bestehen, zur Beschreibung der Beeinträchtigungen auf die polaren Ausprägungen der vier Schichten selbständigen Handelns (s. o. I. Teil) zurückzugreifen und zu versuchen, das zuvor in Alltagssprache beschriebene Verhalten eines Betreuten, das man für charakteristisch hält, danach zu ordnen. Dies sollte im Team der Betreuer erarbeitet und in entsprechenden Konferenzen diskutiert werden.

Das Lernjahr (ca. 1 Jahr)
— Arbeitstrainingsbereich

Wann die Eingewöhnungszeit abgeschlossen ist und der Betreute in die folgende Stufe übergeht, die im Hof Sondern »Lernjahr« genannt wird, ist zeitlich nicht exakt zu fixieren, sondern hängt von individuellen Bedingungen, vor allem davon ab, ob und wann es Betreuer und Betreutem gelingt, eine realistische Entwicklungszielsetzung zu entwickeln. Das sollte mit dem Betreuten gemeinsam abgesprochen bzw. entschieden werden, womit zugleich dessen Selbstbewußtsein und Ich-Tätigkeit angesprochen werden. Es ist sinnvoll, falls der Betreute in der Eingewöhnungszeit eine konstante »Bezugsperson« hatte, die ihn allmählich von allen Seiten kennenlernte, diese mit einzubeziehen. Auf der Grundlage der am Ende der Eingewöhnungszeit formulierten Rehabilitationsziele kann es nun Absprachen über Arbeitseinsätze und die dabei verfolgten Lernabsichten geben.

Die Lernzeit ist Kernstück des Rehabilitationsprozesses. Rein äußerlich ist sie

Ernsthafte Mitarbeit dadurch gekennzeichnet, daß nicht mehr so schnell und häufig die Arbeit gewechselt wird, sondern daß man möglichst in einem Bereich für längere Zeit bleibt. Dadurch wird auch eine gewisse fachliche Qualifizierung möglich, durch die sich in vielen Werkstätten erst die spezielleren Lernchancen der Arbeitsfelder erschließen. Außerdem steht jetzt die produktive Mitarbeit stärker im Vordergrund, also auch die Übernahme von Verantwortung und die Erwartung, in dem Betreuten einen zuverlässigen Mitarbeiter zu finden. Der »Ernstcharakter« der Arbeit nimmt zu.

Es hat sich in dieser Rehabilitationsphase außerordentlich gut bewährt, parallel zum vertieften Arbeiten in den Werkstätten in einer Art »Weiterbildungsunterricht« an den Nachmittagen allgemeinbildende Grundlagen zu vermitteln, die bei sehr vielen Betreuten entweder krankheitsbedingt nie ausreichend vermittelt werden konnten oder weitgehend verschüttet wurden. Bei diesen Kursen handelt es sich nicht um ein Nachholen versäumten Schulstoffes, sondern er sollte sowohl methodisch dem Lernstil von Erwachsenen angemessen als auch inhaltlich so konzipiert werden, daß er die Eigentätigkeit, Eigenbeobachtung, das Eigeninteresse gegenüber den Natur- und Welterscheinungen stets fördert und fordert. Dann bildet er eine unmittelbar wirksame Ergänzung und Weiterführung des Lernprozesses in den Werkstätten, wobei er die Erfahrungen, die dort gemacht werden können, zugleich in einen größeren erkenntnistheoretischen, naturkundlichen, lebenspraktischen und gesellschaftlichen Zusammenhang stellt, also in diesem Sinne auch bewußtseinsweckend und -erweiternd wirkt.*

Allgemeinbildende Kurse

Wechsel der Werkstatt in der Lernzeit

Hier werden das fachliche Lernen und die ernsthafte Arbeit Basis und Träger des Rehabilitationsprozesses, indem die Betreuten nach Möglichkeit genau das arbeiten, was auf sie persönlich — ihren Beeinträchtigungen angemessen — sta-

---

* In der Einrichtung »Hof Sondern« werden während des Lernjahres an jedem Nachmittag drei Kursstunden erteilt. Neben einer künstlerischen Übungsstunde liegt der Schwerpunkt im 1. Trimester auf Naturkunde, im 2. auf Werken (Keramik, Holz, Textil) und im 3. auf Sozialkunde (»Der Mensch in der Gesellschaft«).

bilisierend und entwicklungsfördernd zurückwirkt. Während der Lernzeit sollte der Arbeitsbereich nur in begründeten Ausnahmefällen gewechselt werden. Diese Regelung führt dazu, daß neben der persönlichen Stabilisierung durch Arbeit auch ein gewisses *fachliches Anlernniveau* erreicht wird, das einerseits das Selbstvertrauen des Betreuten stärken kann (es handelt sich ja um gesellschaftlich anerkannte Qualifikationen), andererseits aber durchaus auch Basis einer späteren Dauerbeschäftigung werden könnte.

Im Zentrum der Lernzeit steht die gezielte Förderung des einzelnen behinderten Menschen durch den Arbeitseinsatz. Es muß der Eindruck vermieden werden, es ginge in erster Linie »nur« um Rehabilitation, weshalb man es mit den Forderungen nicht so genau nehmen müßte. Dies wäre völlig falsch, denn wie oben deutlich geworden sein dürfte, entfaltet Arbeit ihre rehabilitativen Möglichkeiten erst dann voll, wenn sie tatsächlich *als verbindliche, produktive Arbeit* ausgeführt werden muß und Standards des Fachgerechten, des »Professionellen« gelten, einschließlich einer gewissen selbstverständlichen Leistungserwartung, Disziplin und Objektivität der Beurteilung. Man muß sich stets klar machen, daß die Werkstatt um so »therapeutischer« wirkt, je weniger in ihrem alltäglichen Ablauf Therapie und Rehabilitation vordergründig eine Rolle spielen. Alle »Sondereinrichtungen«, die mit dem Status der Betreuten begründet werden, sind in der Lernzeit zu vermeiden (wogegen ihnen in der Eingewöhnungsstufe eine gewisse Berechtigung zukommen kann). Gerade um ihrer rehabilitativen Wirkung willen muß sich in der Lernzeit das gesamte Geschehen in der Werkstatt von objektiven Arbeitserfordernissen her ergeben. Alles andere führt zu einem unverbindlichen »Herumplätschern«, das dem Rehabilitationszweck nur abträglich sein kann (wenn es auch vordergründig gut gemeint sein mag, wie etwa Teestündchen bei Kerzenlicht oder gruppendynamische Gespräche während der Arbeitszeit).

»Professionelle Standards«

Die Übergangszeit

In dieser letzten Phase (deren Beginn wiederum nicht pauschal festgelegt werden kann) geht es um die Ablösung von der Einrichtung und die Hinwendung zu Dauerarbeitsplätzen oder weiterführenden Bezügen, wie Ausbildung, berufsfördernde Maßnahmen usw.

Realistisches Selbstbild am Ende der Lernzeit

Während der Eingewöhnungsstufe und Lernzeit hatte der Betreute Gelegenheit, sich selbst, seine Arbeits- und Handlungsfähigkeit ebenso wie deren Grenzen und Beeinträchtigungen gründlich kennenzulernen. Er konnte einen Entwicklungsweg durchlaufen und innerhalb dessen erleben, daß es ihm gelungen ist, Schwierigkeiten in den Griff zu bekommen und er persönlich weiterkam — aber auch, daß er dabei an Grenzen stieß, die ihm in seinem jetzigen Lebensalter nicht mehr verrückbar erscheinen. Er wird auch erkennen, daß er mit einigen dauerhaften Beeinträchtigungen leben muß, und er hat vielleicht auch erfahren, daß Krankheitsrückfälle jederzeit möglich sind, die ihn in seinen Vorhaben immer wieder zurückwerfen können und eventuell viele mühsam erarbeitete Lernschritte wieder in Frage stellen. Am Ende der Lernphase steht ein bewußtes, realistisches Selbstbild der eigenen Möglichkeiten und Einschränkungen. Darüber hinaus hat sich in aller Regel während des Aufenthalts in der Einrichtung

Berufsorientierung

fast beiläufig eine Art »Berufsorientierung« ergeben, sofern die Einrichtung über charakteristisch unterschiedliche Arbeitsbereiche bzw. Werkstätten verfügt. Der Betreute hat verschiedene Berufsfelder und -tätigkeiten kennengelernt, konnte zumindest einen vertieften Einblick in deren Anforderungen und Arbeitsbedingungen gewinnen und ungefähr abschätzen, ob ihm das liegt oder nicht, ob er sich mit derartigen Arbeiten verbinden und auch einigermaßen erfolgreich zurechtkommen kann.

Frage nach der Zukunft

Auf dem Hintergrund dieser umfassenden Orientierungen sollen die Betreuten während der Übergangszeit herausfinden, wo und wie sie künftig arbeiten wollen, und sie sollten nach Möglichkeit auch tatsächlich einen entsprechenden

Platz außerhalb der Reha-Einrichtung finden. Dieser Abschnitt beginnt mit einem ausführlichen Gespräch über die bisherigen Selbst- und Arbeitserfahrungen und die möglichen Zukunftsperspektiven. Vor allem ist zu klären, ob der Betreute sich in der Lage sieht, am allgemeinen Arbeitsmarkt um einen regulären Arbeitsplatz zu konkurrieren; ob er eine Lücke auf dem Arbeitsmarkt findet, die er erfüllen kann; ob er eine fachübliche Ausbildung anfangen will oder ob er darauf angewiesen sein wird, in eine »beschützte« Arbeitssituation zu kommen, sei es in einer Werkstatt für Behinderte, sei es im Rahmen anderer Einrichtungen, die dauerhaft einen gewissen Schutz- und Schonraum bieten (Betriebe für psychisch Behinderte, Selbsthilfeeinrichtungen, Verbindungen regulärer Arbeit mit Wohngruppen usw., auch soziale Einrichtungen, die ganz anderen Zwecken dienen, aber bereit sind, auf die besonderen persönlichen Einschränkungen eines psychisch behinderten Menschen Rücksicht zu nehmen). Gerade für die dauerhafte Arbeit in einem »beschützenden« Bereich kann es sich als sehr günstig erweisen, daß der Betreute während einer Übergangszeit — aufbauend auf den Erfahrungen des Lernjahres — zwar keine vollständige Ausbildung erhält, aber doch in seinem Arbeitsbereich fachlich angelernt wird. Das kann ihn durchaus als qualifizierten Helfer für viele Einrichtungen interessant machen. Parallel zur Klärung des zukünftigen Verbleibs hat die Übergangszeit aber auch eine fachlich qualifizierende Aufgabe, etwa im Sinne einer Ausbildungs- oder Berufsvorbereitung. So kann die Übergangszeit in Form eines 2. Jahres im Arbeitstrainingsbereich einer »Werkstatt für Behinderte« der richtige Weg sein.

Vielfältige Hilfen zum Übergang

Besteht zwischen Betreutem und Betreuern Einigkeit über die große Linie der zukünftigen Orientierung, beginnt die aktive Suche nach entsprechenden Dauerarbeitssituationen oder Ausbildungsbetrieben, die zwar der Betreute selbst so weit wie möglich in die Hand nehmen soll, bei der die Übergangseinrichtung mit Beratungen, Kontakten, Anregungen, Informationen und gelegentlich auch konkreten Hilfen (z. B. bei Verhandlungen mit Ämtern) zur Verfügung stehen wird. Der notwendige, aktive Schritt nach »draußen« fällt vielen Betreuten schwer. Er gehört jedoch zur Rehabilitation dazu. Oft genug zeigt sich, daß Betreute angesichts dieser Anforderungen auf längst überwunden geglaubte »Lernniveaus« zurückfallen oder es stellt sich heraus, daß dieser Schritt doch noch zu früh ist. Deshalb muß in der Übergangszeit dieser Schritt bewußt und ernsthaft begleitet und die vielfältigen Ängste und Erfahrungen mit dem Betreuten durchgesprochen werden, wenn er z. B. von Kontaktreisen oder Vorstellungsgesprächen zurückkommt, Praktika, Arbeitsproben oder einen Probeaufenthalt in einer WfB absolviert oder auch immer erneut Absagen und entsprechende Enttäuschungen bewältigen muß.

Fachliche Qualifizierung	Bei den in aller Regel schwierigen, langwierigen Vermittlungsversuchen kann sich auch herausstellen, daß bestimmte fachliche Qualifikationen für einen Dauerarbeitsplatz fehlen. Dann wird die Übergangseinrichtung — wenn sie über entsprechende Werkstätten verfügt — darauf bezogene spezielle Übungsprogramme anbieten, die realistisch betrachtet zwar kaum die Vermittlungschancen des Betroffenen erhöhen, sondern ihm vor allem für den Start in seinem neuen Arbeitszusammenhang ein größeres Sicherheitsgefühl geben.
Verweilzeiten	Über nötige Gesamt-Verweilzeiten in der Übergangseinrichtung lassen sich verständlicherweise keine generellen Angaben machen, da diese von außerordentlich großen individuellen Unterschieden abhängen. Ein Gesamt-Aufenthalt von etwa zwei Jahren hat sich erfahrungsgemäß als angemessene Verweildauer erwiesen, aber es gibt auch große Abweichungen von diesem Wert.

d) Hilfe zur Transparenz der Einrichtung: Konferenzen

Es sei an dieser Stelle auf die Gefahr hingewiesen, daß gerade dann, wenn das Arbeitsangebot einer Einrichtung reichhaltig ist und viele Kombinationen und Wechsel möglich sind, der ganze Werkstättenbereich unübersichtlich werden kann. Da die Möglichkeit, sich zu orientieren und damit die Klarheit und Transparenz der Umgebung ein wesentliches Element der Stabilisierung ist, muß hier dringend Abhilfe geschaffen werden.

Ein weiteres wesentliches Element, um Übersicht und Gesamtorientierung zu ermöglichen, sind regelmäßige »*Arbeitskonferenzen*«. Am besten ist es, wenn solche Konferenzen täglich für 20 bis 30 Minuten vor Beginn der regulären Arbeit stattfinden, um kurz auf jeden Arbeitsbereich zurückzublicken und für den heutigen Tag die in jedem Arbeitsbereich anfallende Arbeit, personelle Veränderungen, besondere Ereignisse, Besucher usw. anzusprechen. Um sie nicht zu einer Formalität erstarren zu lassen, kann man die Tageszusammenkunft auch dazu benutzen, allgemein interessierende, etwa kulturelle, politische, historische Ereignisse und Themen, die in irgendeinem Bezug zu diesem Tage stehen, kurz zu behandeln.

»Morgenkonferenz«

Hier werden wesentlich das »Gesicht« der Einrichtung und ihr »Betriebsklima« geprägt.

Vor allem ist es nötig, der »*Auswertung*« gezielt Raum zu schaffen, also z. B. *Wochenrückblickskonferenzen* in den Werkstätten einzurichten, bei denen Bilanz gezogen und Lernprozesse vertieft werden können.

»Rückschaukonferenzen«

Es hat sich bewährt, mit den Betreuten am Beginn ihres Aufenthaltes in einem Werkstattbereich und nach festzulegenden Abschnitten (etwa alle 6—8 Wochen) »Lerngespräche« zu führen. In ihnen werden in Anbetracht der Lernchancen des jeweiligen Arbeitsbereiches und der Lern- und Entwicklungsbedürfnisse und -fortschritte des Betreuten möglichst realistische »Lernziele« gemeinsam formuliert, die der Betreute während der nächsten Arbeitsperiode erreichen möchte. Dabei wird zu präzisieren versucht, bei welchen Tätigkeiten und an welchen Anforderungen der Werkstatt diese Ziele am besten verfolgt werden können. Auf diesem Hintergrund bekommen die »Rückschaukonferenzen« den Charakter einer begleitenden »Lernzielkontrolle«, durch die die Be-

Lerngespräche

treuten sich selbst immer wieder Rechenschaft über den eigenen Entwicklungsprozeß geben können und Modifikationen der Lernziele möglich werden. Es hat sich gezeigt, daß dies die *Identifikation* der Betreuten mit ihrer Arbeit innerhalb der Einrichtung wesentlich fördert, wissen sie dann doch, »warum« sie dies alles tun sollen.

Die Lerngespräche zwischen Betreutem und einem Betreuer bleiben verhältnismäßig unwirksam, wenn ihre Ergebnisse nicht von allen Betreuern, mit denen dieser Betreute zu tun hat, zur Kenntnis genommen werden. Umgekehrt kann der Betreuer die Lerngespräche nicht richtig führen, wenn er nicht auch die Erfahrungen anderer Betreuer mit einbeziehen und deren Beobachtungen, Fragen und Sichtweisen mit berücksichtigen kann. Um diesen Gesamtzusammenhang herzustellen, sind regelmäßig — im allgemeinen wohl einmal wöchentlich — tagende »Rehabilitations-« oder »Therapeutische Konferenzen« zu empfehlen, die als Gemeinschaft der Betreuer den Entwicklungsgang aller Betreuten durch die Einrichtung begleitet und z. B. auch sich ein Urteil darüber bildet, wann ein Werkstattwechsel oder besonderer Aufgabenschwerpunkt innerhalb einer Werkstatt empfehlenswert wäre oder wann eine neue Rehabilitationsstufe ins Auge gefaßt werden sollte. Diese Konferenz muß ebenso die Lernchancen der einzelnen Werkstätten und ihrer Einrichtungen bzw. Aufträge kritisch untersuchen und überwachen.

»Therapeutische Konferenz«

Es liegen auch ermutigende Erfahrungen mit einer eigenen Konferenz der Betreuten vor, in der sie gemeinsame Angelegenheiten besprechen und verwalten und dadurch wichtige soziale Erfahrungen miteinander sammeln können.

e) Regelung der Arbeitszeit

Wir sind bei der Darstellung des Arbeitswechsels bereits wie selbstverständlich von einem 6-Stunden-Arbeitstag für die Betreuten ausgegangen. Dies sollte weder als Vorgriff auf die 30-Stunden-Woche (da an den Samstagen auch bis mittags gearbeitet wird, ergibt sich in der Regel eine 34-Stunden-Woche) noch als verbindliche neue Norm verstanden werden. Die Erfahrung zeigt jedoch, daß bei den meisten psychisch Behinderten sich die »Krankheitsreste« in einer vorläufigen, zum Teil auch bleibenden Leistungsminderung ausdrücken, die für sehr viele vor allem bedeutet, daß sie den üblichen 8-Stunden-Arbeitstag nicht durchhalten. Entweder brechen sie vorzeitig ab, schieben immer wieder eine Pause ein oder bleiben am nächsten Tag erschöpft in ihrem Bett. Obwohl Ausdauer und Kontinuität zweifellos bis zu einem hohen Maß trainierbar sind und auch trainiert werden müssen, bedeutet der Normalarbeitstag für die meisten Betreuten zumindest am Anfang, für viele aber dauerhaft eine Überforderung. Es ist sogar wichtig, daß sie im Laufe der Zeit selbst ihre eigene Belastungsgrenze kennenlernen, weil deren dauerndes Überschreiten Anlaß zu einem Rückfall sein kann.

8 Stunden überfordern

Um dieser Sachlage gerecht zu werden, aber auch um Diskriminierungen zu vermeiden, ist es angebracht, wenigstens in der Anfangsphase die tägliche Arbeitszeit den individuellen Möglichkeiten und Fähigkeiten des Betreuten anzupassen. Hier müssen also für die ersten Wochen persönlichkeitsbezogene Verabredungen getroffen werden. In der zweiten Phase — die wiederum nur nach individuell bemessener Zeit erreicht ist — hat sich die Richtgröße des 6-Stunden-Tages als realistisch herausgestellt. Sie kann wiederum nicht durch eine offizielle Verlängerung der Arbeitszeit, sondern nur durch eine zusätzliche Arbeitsaufgabe gesteigert werden, so daß der Sachzusammenhang gewahrt bleibt und nicht für jeden eine neue »Norm« eingeführt werden muß.

Individualisierung der Arbeitszeit

Im Hinblick auf die *Arbeitszeitregelung* ist es richtiger, lieber weniger strenge und fordernde Arbeitszeitvereinbarungen zu treffen, die dann auch eingehalten werden, als daß der Betreute in diesem wichtigen Punkt ständig das Gefühl haben muß, zu versagen. Die »regelmäßige Anwesenheit« wird nur dann als Stabilisierungshilfe wirksam, wenn sie konsequent, aber auch individuell dosiert ein-

Frage der Arbeitszeit

Verbindlichkeit der Absprachen

gesetzt wird. Das bedeutet auf der anderen Seite, daß die Werkstatt ganz unterschiedliche Arbeitszeiten zulassen muß. Man kann sich als Betreuer nicht mit der Feststellung zufriedengeben, daß ein Betreuer »die Arbeitszeit nicht schafft«, daß er »nicht durchhalten kann« usw., sondern man muß herauszufinden suchen, unter welchen Bedingungen dieser Betreute was in welcher Zeit eben doch schafft, und man muß eine zeitliche Regelung finden, die es dem Betreuten zunächst überhaupt ermöglicht, in die Arbeit hineinzukommen. Generell kann man als Regel formulieren: Nicht zu hohe Ziele anstreben, immer nur so viel, wie erreicht werden kann. Denn ein nicht erreichtes Ziel schwächt, ein erreichtes stärkt.

Individuell angemessene Regelungen

Das betrifft auch den Arbeitsbeginn, die Arbeitsdauer und die Pausenregelung, die zunächst individuell angesetzt werden können, dann jedoch schrittweise immer mehr durch die sachlichen Bedingungen der Werkstatt bestimmt werden sollten. Darin drückt sich ein sehr wichtiger Entwicklungsprozeß aus, in dessen Verlauf der Betreute sein Verhalten immer stärker von seiner eigenen Befindlichkeit lösen und immer stärker sachlichen Gegebenheiten und Erfordernissen unterwerfen kann.

f) Bezahlung der Betreuten

Entlohnung?

Eine immer wieder gestellte Frage ist die nach der Bezahlung der Betreuten für ihre Arbeit, die grundsätzlich zusammenhängt mit der Verwendung der Erlöse einer Werkstatt. Soll im Rehabilitations- oder Arbeitstrainingsbereich (über den wir hier ja allein schreiben) den mitarbeitenden Betreuten eine Art Arbeitsprämie bezahlt oder sollten sie in irgend einer anderen Form individuell am wirtschaftlichen Ergebnis der Werkstatt beteiligt werden?

Abgesehen von dem (pragmatischen) Einwand, daß die Betreuten von einer solchen Bezahlung in der Regel ohnehin wenig hätten, weil ihnen bei den geltenden gesetzlichen Bestimmungen Einkünfte aus eigener Arbeit auf Sozialleistungen des Kostenträgers angerechnet würden, haben wir gegen solche Formen der bezahlten Arbeit zwei grundsätzliche Bedenken:

Grundsätzliche Bedenken

Eines betrifft den betriebswirtschaftlichen Zusammenhang. Würden die Betreuten so bezahlt, daß sie ihren Lebensunterhalt daraus bestreiten könnten, und müßten die Lohnkosten über die Preise gedeckt werden, hätten die Werkstätten entweder keinerlei ökonomische Überlebenschance, oder sie müßten streng wirtschaftlich organisiert werden, aber dann käme für viele Betreutengruppen das rehabilitative Moment zu kurz. Werden die Löhne dagegen nicht über die Preise gedeckt, dann handelt es sich eben gerade nicht um Arbeitseinkommen, sondern um verdecktes Unterhaltsgeld.

Leistungsdruck

Darüber hinaus sehen wir in jeder Form der individuell bezahlten Arbeit auch eine große Gefahr. Sie fördert die Illusion, daß man »für sich« arbeitet, und bringt eigennützige Motive ins Spiel, wo, wie wir gesehen haben, gerade aus dem Moment der selbstlosen *Arbeit für andere* wesentliche rehabilitative Lernchancen hervorgehen könnten. Etwas für andere zu tun, von dem man selbst kalkulierbar gerade »nichts« hat, ist für manche ja ein gewaltiger Lernschritt, der die Umwandlung selbstbezogener innerseelischer Motive verlangt und Zeichen einer gewissen Souveränität und Autonomie auch den eigenen Produkten gegenüber ist.

Arbeit »für sich«?

Auf der anderen Seite dürfen die Betreuten selbstverständlich auch nicht den Eindruck bekommen, »ausgebeutet« zu werden. Objektiv bedeutet ja die Verkäuflichkeit eines Produktes oder eines Dienstes, also das Erzielen von Werkstatteinnahmen, eine Art Anerkennung der Arbeitsleistung, die durchaus ernst zu nehmen ist und die in der Werkstatt bewußt werden sollte. Wir halten deshalb folgende Regelung für richtig und praktikabel: Jede Art von leistungsorientierter Bezahlung für individuelle Arbeit im Reha-Bereich sollte unterbleiben. Der Lebensunterhalt der Betreuten muß für die Zeit der Rehabilitation aus

Regelungsvorschlag

anderen Quellen gesichert sein. Es sollte aber durchaus die Möglichkeit bestehen, daß aus den Erlösen der Werkstatt die Betreuten — unabhängig von der individuellen Leistung — in Form eines »Zubrotes« einen gewissen Betrag für besondere Konsumwünsche bzw. zur Befriedigung von Bedürfnissen erhalten, die über den normalen Lebensunterhalt hinausgehen. Es sollte nicht Leistung bezahlt, sondern bedürfnisorientiert Konsum ermöglicht werden.

So konnte beispielsweise ein Fonds aus Werkstatterträgen gebildet werden, der gemeinsam verwaltet wurde und aus dem z. B. ein Gruppenmitglied sich ein Fahrrad kaufen konnte; andere finanzierten Urlaubsreisen, die den Rahmen ihres Taschengeldes deutlich überschritten, wieder andere besondere Kleidungsstücke usw. Die Werkstatterlöse werden somit zu einem Mittel, Bedürfnisse zu befriedigen, die im sonst zugestandenen Rahmen unerfüllbar wären, aber sie gehen nicht in ein individuelles »Leistungseinkommen« ein, das unabhängig von konkreten Bedürfnissen unspezifische Konsumwünsche nahelegt oder weckt.

Die Erfahrung zeigt, daß dort, wo der Rehabilitationszweck im Vordergrund steht und eine gewisse Identifikation mit der Einrichtung erreicht wurde, die Betreuten selbst keinen individuellen Lohn fordern, sondern ihre Arbeit als Beitrag zum gemeinsamen Erhalt der Einrichtung verstehen.

Zusammenfassung

- Für die gesamte Zeit in der Reha-Einrichtung, besonders jedoch am Anfang, ist eine strenge rhythmische Gliederung des Tages- und Wochenlaufs wichtig.
- Die Arbeit ein- oder sogar zweimal an einem Arbeitstag zu wechseln, ist unter Rehabilitationsgesichtspunkten günstig, vor allem in der Anfangsphase.
- Die Kombination von Arbeitsbereichen mit polar entgegengesetzten Anforderungen ist günstiger als die von parallelen Anforderungen.
- Beherrscht ein Betreuter die Anforderungen einer Werkstatt, sollte er die Werkstatt wechseln (auch wenn er dann erst anfängt, für diese Werkstatt »produktiv« zu arbeiten).
- Der Werkstattdurchgang sollte mit den Betreuten zusammen erarbeitet werden, unter Offenlegung der Lernziele und -schritte.
- Der Werkstattdurchgang sollte in deutlichen Stufen verlaufen, wobei sich drei Stufen — Eingewöhnungszeit, Lernjahr (Arbeitstrainingsbereich), Übergangszeit — bewährt haben, die jeweils eigene Ziele und Lernschwerpunkte aufweisen.
- Lerngespräche und Rückschaukonferenzen sowie gemeinsame Absprachen über individuelle (Lern-)Regelungen verbessern die Orientierung und erhöhen die Identifikation der Betreuten mit der Arbeit.
- Der normale 8-Stunden-Tag ist für die meisten Betreuten zunächst zu lang. Es ist nötig, die Arbeitszeiten generell zu reduzieren und zu individualisieren. Sie können schrittweise im Lauf der Zeit gesteigert werden.
- Eine Bezahlung der Betreuten nach Leistung ist abzulehnen, jedoch sollte es leistungsunabhängige Arbeitsprämien für die Befriedigung von Bedürfnissen geben. (Identifikation mit der Aufgabe, nicht mit dem »Lohn«.)

Übungen:

o Rekonstruieren Sie den Tages- und Wochenablauf von mehreren Betreuten Ihrer Einrichtung und prüfen Sie, welche Rhythmen dabei erkennbar sind.
o Versuchen Sie, eine Übersicht zu erstellen über die Vor- und Nachteile, mit denen ein zwei- oder dreimaliger Wechsel der Werkstatt an einem Arbeitstag in Ihrer Einrichtung verbunden wäre/ist.
o Welche Werkstätten in Ihrer Einrichtung stellen »polare« Lernanforderungen, welche »gleichgerichtete«?
o Wenn Sie dies nicht schon praktizieren: Wo könnte es in Ihrer Einrichtung Ansätze zu einer Individualisierung der Arbeitszeit geben; welche Probleme treten damit auf?
o Versuchen Sie, in einer Konferenz zusammen mit Ihren Kollegen einmal probehalber für einen oder einige Betreute, die Sie besser kennen, eine Liste der nötigen Lernschritte aufzustellen und entwickeln Sie daraus einen »idealen« Werkstattdurchgang für diesen/diese Betreuten!
o Welche »Organe« und Besprechungsformen hat Ihre Einrichtung; welche Aufgaben haben diese jeweils; könnten sie die hier angesprochenen Aufgaben (evtl. zusätzlich) übernehmen, oder müssen neue Formen geschaffen werden?
o Wie bewältigen Sie in Ihrer Einrichtung die Aufgaben der drei beschriebenen Stufen des Werkstattdurchgangs?

III. Teil

Hinweise für den Arbeitsleiter, sein Verhalten und die Einrichtung seiner Werkstatt

1. Vorbemerkung

Wenn eine Einrichtung oder ein Arbeitsleiter die Arbeit als Mittel der Rehabilitation einsetzen möchte, besteht in der Regel nicht die Möglichkeit, eine ganz neue Werkstatt aufzubauen, sondern es ist die Frage, wie das, was an Arbeiten, Aufträgen, Ausstattungen usw. vorhanden ist, so eingesetzt werden kann, daß es im Sinne der Rehabilitationsziele wirkt. Deshalb wollen wir uns in diesem dritten Teil so weit wie möglich den Fragen und Gestaltungsmöglichkeiten zuwenden, die der einzelne Arbeitsleiter hat, um zu Empfehlungen für die praktische Gestaltung und Handhabung seiner Arbeit zu kommen.

Es macht selbstverständlich einen erheblichen Unterschied für das Verhalten und Vorgehen des Arbeitsleiters, ob er seine Werkstatt und die Arbeit der Betreuten an dem Ziel orientiert, »Leistung« zu erbringen (also z. B. hohe Stückzahlen oder hohen Umsatz usw.), oder daran, die Betreuten möglichst direkt auf einen regulären Arbeitseinsatz vorzubereiten (Arbeitstraining) — oder ob er die Arbeit in seiner Werkstatt als Mittel der Rehabilitation im Sinne einer Förderung der Fähigkeit zu selbständigem und selbstbewußtem Handeln einsetzt. Von den damit verbundenen Fragen sei hier zunächst die Rede.

Um es gleich vorweg noch einmal klar auszusprechen: In einem Punkt sollte es keinen Unterschied geben, ob man Arbeit primär am Ziel der Rehabilitation orientiert oder an Leistungs- bzw. wirtschaftlichen Zielen. Weder in den fachlichen noch in den Anforderungen an Genauigkeit und Zuverlässigkeit, noch in den Qualitätsstandards darf es irgendwelche Abstriche geben. Die Arbeit als Rehabilitationsmittel einzusetzen bedeutet eben *nicht*, daß die Arbeitsinhalte nicht so ernst genommen werden müßten oder alles etwas ruhiger und nachsichtiger, vielleicht auch schonender und beschaulicher zugehen könnte. Würde eine solche Haltung einreißen, wäre dies — wie im Kapitel I deutlich geworden sein sollte — ein Verlust gerade für die rehabilitativen Wirkungschancen der Arbeit! Es muß sich nach wie vor um »Arbeit« handeln, d. h. um ernstes, verantwortliches Bemühen. Nirgends darf die Arbeit in unverbindliche Spielerei abrutschen. Arbeit, die als Rehabilitationsmittel eingesetzt wird, sollte daher

Keine fachlichen Abstriche

Grundanforderungen an Reha-förderliche Arbeit

— Bedürfnissen anderer dienen, Probleme anderer lösen helfen;
— von verbindlichen Absprachen über Inhalte, Qualitäten und Zeiten getragen sein;
— auch unter wirtschaftlichen Gesichtspunkten beurteilt werden;
— die einschlägigen fachlichen Maßstäbe einhalten;
— grundsätzlich erfolgsorientiert angepackt werden.

Zusatzanforderung an den Arbeitsleiter

Insofern muß der Arbeitsleiter die Sach- und Facherfordernisse der Arbeit im Auge haben, sich an den Wünschen der Kunden orientieren, nach innen für Verbindlichkeit und Termintreue usw. sorgen, und zwar nicht trotz, sondern gerade *wegen* der erhofften Beiträge der Arbeit zur Rehabilitation.

Welche Bedeutung hat ein Auftrag für die Rehabilitation?

Diese Anforderungen bleiben also bestehen. Es kommen aber durchaus auch *neue* hinzu. Der Arbeitsleiter muß nicht nur die sachlichen Notwendigkeiten im Auge haben, sondern er muß die Arbeit *gleichzeitig* so einsetzen und gestalten, wie es für die persönliche Förderung der Betreuten erforderlich ist. Er muß also bei jedem Auftrag, jeder Teilarbeit, jeder organisatorischen oder technischen Entscheidung und vor jeder Zuweisung einer Arbeit an einen Betreuten zugleich mitbedenken, was dies für dessen Rehabilitation bedeutet, welche Rückwirkungen auf den Betreuten mit diesen Anforderungen und Entscheidungen verbunden sind.

Hier ist der entscheidende Anforderungsbereich, mit dem der Ansatz »Arbeit als Rehabilitationsmittel« über die bisher gewohnten Anforderungen an den Arbeitsleiter hinausgeht. Er muß die — grundsätzlich immer vorhandene — Wirkungsschicht der Arbeit, die normalerweise unberücksichtigt bleibt, bewußt zu *handhaben lernen*, und zwar soll er sie so handhaben, daß die anderen Ziele der Arbeit — die fachlichen und wirtschaftlichen — dabei nicht zu kurz kommen.

Klingt das nach der Quadratur des Kreises? Zweifellos werden dem Arbeitsleiter hier zusätzliche Überlegungen abverlangt, aber im Grunde sind diese Anforderungen für ihn nicht vollkommen neu. Nur daß er die »personbezogene« Seite der Arbeit bisher eher unter dem Gesichtspunkt betrachtete, was ein Betreuter (noch) zu leisten in der Lage ist, was ihm zuzumuten, wie belastbar er ist usw. — also mehr unter einem negativen Aspekt —, während er nun das an einer Arbeit im Auge haben soll, was den Betreuten in seiner persönlichen Entwicklung *aktiv fördern* kann.

Bezugspunkt:
Was an der Arbeit fördert den Betreuten?

Dafür braucht der Arbeitsleiter aber — wie schon erwähnt — eine gewisse Entlastung, die wir am ehesten darin sehen, daß er von dem Zwang zu bestimmten oder möglichst hohen wirtschaftlichen Ergebnissen befreit wird. Er soll durchaus für den Markt und wirtschaftlich vernünftig arbeiten, aber auf keinen Fall so, daß sich die Werkstatt tragen sollte oder vorgegebene Erträge erreicht werden müssen.

In der Praxis hat es sich als gut gangbarer Weg herausgestellt, wenn der Arbeitsleiter im *Vorfeld* einer konkreten Arbeitsaufgabe möglichst im Team deren Bedeutung für die Rehabilitation gründlich bedenkt und den gesamten Arbeitseinsatz unter diesem Gesichtspunkt konsequent plant. Geschieht dies gründlich und bewußt, dann hat der Arbeitsleiter in der konkreten Arbeitssituation den Rücken frei, um sich ungeteilt den technischen und inhaltlichen Problemen der Arbeit zuzuwenden. Er gleicht hier dem Lehrer, der den Stoff und die Art seiner Darbietung ausschließlich unter pädagogischen Gesichtspunkten auswählen und gründlich vorbereiten muß, im Unterricht selbst aber »ganz bei der Sache« bleibt und nicht etwa »pädagogisch argumentiert«. Dieser Vergleich weist noch auf eine andere, sehr wichtige Notwendigkeit hin: Der Werkstattleiter braucht unbedingt *Vorbereitungszeit*, in der er die Aufträge und deren Abwicklung konsequent unter Rehabilitationsgesichtspunkten plant und durchdenkt. Je nach dem Zyklus der Aufträge sollte dafür — nach den Erfahrungen auf Hof Sondern — etwa ein halber Tag pro Woche zur Verfügung stehen.

Unerläßlich: Vorbereitung

Vorplanung unter Reha-Gesichtspunkten — Ausführung unter fachlichen!

Wir möchten nun versuchen, für diese Vorbereitung einige Gesichtspunkte an die Hand zu geben, und zwar zuerst mehr grundsätzliche Überlegungen zur »lernförderlichen« Einrichtung und Ausgestaltung der Werkstatt bzw. des Arbeitsbereichs, dann zur Frage der Auswahl von Arbeiten für die Betreuten, anschließend zum technischen und organisatorischen »Arrangement« der Arbeit und schließlich zum Führungsverhalten des Arbeitsleiters. Diese Überlegungen berühren dabei ständig die vom II. Teil her noch offenen Fragen nach der Gestaltung der »seelischen« Prozesse und sozialen Abläufe in der Werkstatt (Schicht der innerseelischen Kräfte und Motive) und nach der (wünschenswerten) Identifikation der Betreuten mit der Arbeit (Schicht der Ich-Impulse).

2. Grundbedingungen einer »lernförderlichen« Organisation der Arbeit

Der Leiter eines »normalen« Wirtschaftsbetriebs, dessen Aufgabe in der wirtschaftlich möglichst günstigen Bewältigung bestimmter Arbeiten liegt, unterscheidet sich zumindest in einem zentralen Punkt von den Orientierungen und Sichtweisen eines Arbeitsleiters, der »Rehabilitation durch Arbeit« versucht. Der »normale« Betriebsleiter muß sich stets fragen, wie er das Leistungsziel *mit den vorhandenen Kräften* am sichersten erreicht. Entsprechend wird er jedem die Stelle zuweisen, wo er seine — gegebenen — Fähigkeiten am besten einsetzen kann (»der richtige Mann an den richtigen Platz«), und er wird es vermeiden, jemandem Aufgaben zu übertragen, von dem er nicht wissen kann, ob er sie auch bewältigt. Er wird versuchen, das Betriebsergebnis durch möglichst rationelle Betriebsorganisation zu verbessern, und alles daran setzen, die Leistung jedes einzelnen durch entsprechende technische oder sonstige Hilfsmittel zu steigern. Er rechnet mit den *gegebenen* Kräften und Fähigkeiten seiner Mitarbeiter und ist bemüht, diese optimal untereinander und mit der technischen Ausstattung zu kombinieren. Abgesehen von kurzen Anlernzeiten gelten die menschlichen Fähigkeiten hier als »konstante Faktoren«.

»Normaler« Arbeitskräfteeinsatz

Der richtige Mann am richtigen Platz

Ganz anders muß der Arbeitsleiter in der Rehabilitationswerkstatt orientiert sein. Für ihn kommt es ja gerade darauf an, daß die mitgebrachten Fähigkeiten und Kräfte der Betreuten *nicht* so bleiben, wie sie sind. Sie sollen nicht als »Gegebenheit« behandelt und berechnet werden, sondern sollen sich entwickeln und an den Aufgaben wachsen. Für den Arbeitsleiter lautet die Kernfrage des Arbeitseinsatzes daher nicht: Wer kann was am besten?, sondern: *Welche Aufgabe fördert wen am besten?*

Grundfragen des Arbeitseinsatzes in der Reha-Werkstatt

Was fördert wen am besten?

In aller Regel sind das solche Aufgaben, an denen der Betreute noch etwas zu »beißen« hat, die er also *noch nicht voll beherrscht* (ohne freilich aus Überforderung zu resignieren). Gegenüber dem, was sonst in der Arbeitswelt üblich ist, muß der Arbeitsleiter hier durchaus *umdenken*. Er muß einen Blick dafür entwickeln, welche Anforderungen eines Arbeitsauftrags welchem Betreuten die ihm gemäßen Lernchancen bieten (vgl. nächster Abschnitt). Jemandem eine

Tun, was man noch nicht kann

Entwicklungsgedanke Arbeit zu übertragen, die er voll beherrscht, kann zwar unter dem Gesichtspunkt, daß man ihm Erfolgserlebnisse vermitteln oder sein Selbstbewußtsein kräftigen möchte, auch im Rahmen der Rehabilitation sinnvoll sein. Im allgemeinen bedeutet dies jedoch für seinen persönlichen Entwicklungs- und Stabilisierungsprozeß Stagnation. *Die Lernchance liegt vor allem in der Konfrontation mit dem, was man noch nicht kann.* In der Rehabilitationsphase muß der Arbeitsleiter den Betreuten gezielt solche Aufgaben übertragen und sie ermutigen, gerade das immer und immer wieder zu versuchen, was ihnen zunächst mißlingt.

Lob des Fehlers Der Lernprozeß, um den es hier geht, beruht zentral darauf, daß persönliche Unzulänglichkeiten und Behinderungen zu *Fehlern* in der Arbeit führen und diese an den sachlichen Resultaten bewußt und anschaubar werden. Auch der persönliche Lernfortschritt muß von den Fehlern nicht nur angeregt, sondern kann an ihrem allmählichen Verschwinden auch persönlich wahrgenommen werden. Es ist daher von großer Bedeutung, *Fehler in der Werkstatt zulassen zu können* und alles zu vermeiden, was Fehler unwahrscheinlich oder viel zu riskant macht, als daß man sie zulassen könnte.

Individuelle Lernstile Diese Form des Lernens kommt insbesondere dann zum Tragen, wenn der Arbeitsleiter nicht nur Fehler zuläßt, sondern stets die innere Haltung einnimmt, nur Begleiter und engagierter Berater des Betreuten bei dessen *eigenen* Versuchen zu sein, seine Fehler zu überwinden. Verschiedene Menschen haben verschiedene individuelle »Lernstile«. Der eine muß alles erst einmal nachlesen, bevor er sich etwas zu tun traut; der andere möchte die Sache mit den Händen anfassen können; der dritte probiert alles erst einmal aus; der vierte denkt lange nach und macht einen »Schlachtplan« usw. Diese individuellen Lernstile sind unter allen Umständen zuzulassen, weil in der Regel keiner besser oder schlechter ist als der andere. Der Arbeitsleiter muß solche Lernstile erkennen und in seiner »Lernberatung« sich ganz auf den bevorzugten Lernstil einstellen.

Darüber hinaus sollte gerade in diesem »praktischen«, die Person ergreifenden Lernprozeß Raum für individuelle Entdeckungen und Erprobungen bleiben; der Betreute muß Zeit haben, auch einmal einen Weg zu gehen, von dem der Betreute nicht überzeugt ist, und man muß ihn vielleicht auch eine altbekannte Lösung noch einmal ganz neu finden lassen. Auch ungewöhnliche, völlig »unprofessionelle« Vorgehensweisen sollten zunächst einmal zugelassen werden, so daß man an den sachlichen Ergebnissen ihre Chancen, aber auch ihre Grenzen und Unzulänglichkeiten aufdecken und besprechen kann. Dies ist ein außerordentlich wirksamer Weg, um die Betreuten von ihren eigenen, oft sehr subjektiven Vorstellungen und Denkweisen wegzuführen und sie in jene heilsame Objektivität der Sachgesetze, der Eigenstrukturen der Arbeit hineinzuführen, die ihnen helfen, von sich selbst partiell loszukommen und sich für die Welt zu öffnen.

Raum für Ausprobieren lassen

Diese weitgehende Zulassung von Fehlern birgt die Gefahr, daß bei den Betreuten Entmutigung und Resignation eintritt, weil sie sich überfordert fühlen. Dem kann der Werkstattleiter durch die genaue *Dosierung* der Arbeitsanforderungen bzw. der »Fehlerhöhe« begegnen: U. U. muß er Arbeiten zuweisen (oder damit beginnen), die Erfolgserlebnisse vermitteln. Vor allem aber muß er die Anforderungen so dosieren, daß sie nicht allzuweit von dem wegliegen, was der Betreute schon kann und sie entsprechend dem Lernfortschritt schrittweise steigern. Jede Werkstatt bietet dafür viele Möglichkeiten, und zwar einerseits in der Auswahl der Aufgabenstellungen, andererseits in dem, was wir das »Arrangement« der Arbeit nennen. Auf beides wird in den nächsten Abschnitten ausführlicher eingegangen.

Gefahr der Überforderung

Eine wesentliche Möglichkeit, Überforderung beim Lernen aus Fehlern zu vermeiden, besteht darin, daß man jeden autoritativen Druck und vor allem auch jede Form von Konkurrenz unter den in einer Werkstatt Zusammenarbeitenden verhindert. Fehler sind sachliche Stufen des Lernens, und so sollten sie auch mit den Betreuten besprochen werden: Was ist geschehen? Was an meinem Verhal-

Ängste und Konkurrenz vermeiden

ten hat das herbeigeführt? Was muß ich besser machen? Schimpfen, Spotten oder gar Ironisieren werden mit Sicherheit das Gegenteil des Lernprozesses bewirken, nämlich blockierende Ängste und Unsicherheiten hervorrufen, die eine sachliche Auseinandersetzung mit der Aufgabe unmöglich machen.

Lernförderliches Betriebsklima

Dies zeigt bereits, wie das Betriebsklima unmittelbar mit der Frage nach einer lernförderlichen Gestaltung der Werkstatt zusammenhängt. Daß die Werkstatt »Lernstatt« ist, sollte allen Beteiligten bewußt sein. Damit ist auch atmosphärisch klar, daß hier keiner immer schon alles können muß, daß keine Perfektion erwartet wird, sondern daß man auch etwas (noch) nicht können, etwas falsch machen, daß man irren darf. Es sollte aber auch die Erwartung an das Bemühen um den eigenen Entwicklungsprozeß deutlich werden. Je mehr sich jeder Betreute in der Werkstatt aufgehoben und »zu Hause« fühlt, je sicherer er sein kann, daß er etwas ausprobieren und sich selbst auf die Probe stellen kann, ohne negative Sanktionen befürchten zu müssen, desto förderlicher ist das für seinen Lernprozeß.

Lerngespräche

Eine weitere Bedingung des Lernens aus Fehlern liegt darin, daß der Arbeitsleiter die Betreuten zwar weitgehend eigenständige Erfahrungen und Entdeckungen mit den von ihm gut dosierten Arbeitsanforderungen machen läßt, aber systematisch diese Erlebnisse und vor allem die damit verbundenen Selbst-Entdeckungen *durchspricht*. Viele Fehler werden nur so bewußt, vor allem kann nur auf diese Art für viele Betreute der Zusammenhang zwischen äußerem Fehler und inneren Problemen deutlich werden. Durch diese bewußte Durcharbeitung — die eine angemessene äußere Form braucht — können mit lernoffenen Betreuten gemeinsam regelrechte »Lernziele« und »Rehabilitationsprogramme« individuell erarbeitet werden, die für diesen Werkstattaufenthalt oder nur für eine bestimmte nächste Phase gelten sollen. Auch eine Art »Lernzielkontrolle« gehört dazu, ebenso, daß die Betreuten allmählich lernen, »innere« Anforderungen der Arbeit zu erkennen und sich entsprechend darum zu bemühen.

Gemeinsam erarbeitete Lernziele

Eine wesentliche Seite des Lernens bei der Arbeit liegt darin, daß innere Schwächen im Äußeren sichtbar und sachlich erlebbar werden. Es ist nicht nötig, innere Lernschritte in Form moralischer Appelle usw. zu verlangen, sondern sie können als *sachliche Notwendigkeiten* bewußt werden, wie auch der innere Lernprozeß durch Auseinandersetzung mit der Sache in Gang kommt. Man arbeitet nicht direkt »an sich«, wie in vielen Therapien, sondern müht sich um die Bewältigung einer Sachaufgabe, woraus sich jene inneren Fortschritte ergeben. Diese »*Belehrung durch die Sache*« muß im Vordergrund des Werkstattgeschehens stehen, *darin* liegen die entscheidenden rehabilitativen Möglichkeiten des Arbeitsleiters — und nicht etwa in seiner Fähigkeit, neben der Arbeit auch noch etwas einzusetzen, was er »Gesprächstherapie« nennt.

Belehrung durch die Sache

Ein Arbeitsprozeß ist nur dann zugleich auch ein Lernprozeß, wenn er eben noch nicht auf Anhieb ganz gelingt, sondern wenn sich in ihm die benötigten Kräfte und Fähigkeiten erst bilden müssen; dies braucht dann viel *Zeit und Geduld* und setzt voraus — siehe oben —, daß die gesamte Werkstatt nicht unter hohem Erfolgszwang und Leistungsdruck steht. Die Notwendigkeiten, Arbeiten fertig zu machen, Termine einzuhalten, Qualität zu liefern, sollten, wie gesagt, selbstverständlich bestehen, aber in einer Form, die Spielräume für Fehler und u. U. nicht vorhergesehene Lernprozesse bietet. Die Forderung, die Rehabilitationswerkstatt müsse sich wirtschaftlich selbst tragen oder einen erheblichen Deckungsbeitrag für die gesamte Einrichtung erwirtschaften, verträgt sich nur dann mit den Rehabilitationszielen, wenn die Betreuten schon so weit wiederhergestellt sind, daß die mit einem solchen wirtschaftlichen Ziel verbundenen inneren Anforderungen — z. B. Schnelligkeit in der Arbeit, Arbeitenkönnen unter Druck, hohe Ausdauer, hohe Motivation usw. — »Lernziel« sind. In der Praxis wird dies selten oder bestenfalls in sehr späten Rehabilitationsstufen der Fall sein. Dort sollte man allerdings diese Lernchancen auch tatsächlich nutzen. Ansonsten kommt es sehr auf die Erfahrung des Werkstattleiters an, wie weit er z. B. ausreichende Lieferfristen aushandeln, wie gut er nicht leistbare Qualitätsforderungen vermeiden kann usw. Insofern muß er aus der Kenntnis

Lernen und wirtschaftlicher Druck

»richtige« Aufträge auswählen

seiner Werkstatt und seiner Betreuten genau wissen, welche Aufgaben und Aufträge dafür in Frage kommen und welche nicht.

Zusammenfassung

o Grundfrage des Arbeitseinsatzes in der Reha-Werkstatt ist nicht: Wer kann was am besten?, sondern: Welche Aufgabe fördert wen am besten?
o Wichtigster Motor des Lernens ist das, was man noch nicht richtig kann; Fehler müssen deshalb »erlaubt« sein und bewußt aufgegriffen werden.
o »*Lernförderlich*« in unserem Sinne ist eine Arbeitsgestaltung ferner dann, wenn sie
— möglichst weitgehend individualisierte Lernwege zuläßt;
— Raum für eigenes Weiterfragen und -forschen bietet, auch für praktisches Ausprobieren verschiedener Wege;
— überschaubare, transparente, in ihrem Nutzen und ihren Qualitätskriterien nachvollziehbare Arbeiten organisiert;
— unsachgemäße Ängste und Konkurrenzbeziehungen vermeidet, stattdessen auf kollegialen Sozialbeziehungen beruht;
— den Zusammenhang zwischen Arbeitsergebnis und eigenem Handeln möglichst klar erkennen läßt;
— in angemessener Weise Selbständigkeit verlangt.

Übungen:

- Prüfen Sie, wo Sie in Ihrem Verhalten als Arbeitsleiter oder in Ihrer Arbeitsgestaltung Fehler der Betreuten zu vermeiden versuchen, und fragen Sie sich kritisch, ob Sie diese Fehler um des Lernprozesses willen nicht doch zulassen könnten.
- Geben Sie sich rückhaltlos Rechenschaft über das Betriebsklima in Ihrer Werkstatt.
- Versuchen Sie, individuelle Lernstile Ihrer Betreuten zu erkennen und zu beschreiben.

3. Zur Diagnose von Handlungsproblemen der Betreuten: Was ist für wen gut?

a) Beobachtungsschulung für die Betreuer

Nicht mehr Theorie über die Betreuten ist nötig, sondern genaue Beobachtung

Es ist in jeder Rehabilitationseinrichtung unabdingbar, daß die Betreuer die Probleme der Betreuten genau kennen und verstehen lernen. Dazu müssen sie weder kleine Psychiater werden noch brauchen sie dafür spezielle psychoanalytische Sitzungen, sondern alles kommt darauf an, daß sie lernen, das Verhalten der Betreuten sehr genau und absolut sachlich zu *beobachten*. Jeder Betreuer sollte eine intensive *Beobachtungsschulung* durchlaufen, in der geübt wird, nicht etwa vorweg gelernte theoretische Begriffe anzuwenden, sondern unbefangen *wahrzunehmen*, wie ein anderer Mensch sich verhält, wo er an Grenzen stößt, was er kann und was nicht. Erübt werden muß vor allem

Anforderungen exakter Beobachtung

— wirklich genau hinzusehen und -zuhören, also wach und bei der Sache zu sein;
— sich vor vorschnellen Urteilen und Assoziationen (»Ach, das kenne ich schon, das ist das und das.«) zu hüten, sondern sorgfältig möglichst viele Beobachtungen zu sammeln und stehenzulassen, bevor man sie »deutet«;
— ganz bewußt darauf zu achten, daß man *beschreibt*, nicht bewertet oder deutet! Das erfordert viel Übung!
— Sympathien und Antipathien so weit wie möglich zum Schweigen zu bringen;
— so lange zu warten, bis sich aus dem Beobachteten selbst ein Gesamtbild ergibt, denn viele Details sehen im Zusammenhang ganz anders aus, als man zunächst dachte;
— jederzeit offen zu sein für völlig neue, überraschende Beobachtungen, die ins bisherige Bild vielleicht gar nicht zu passen scheinen.

Man sollte die Schwierigkeiten, die sich beim Einhalten dieser Beobachtungsregeln ergeben, nicht unterschätzen! Es gibt viele Gefahren, davon abzuirren, und die meisten sind uns oft gar nicht bewußt. Deshalb ist es sehr günstig, solche Übungen (wie auch die Beobachtungen im Feld) möglichst *in der Gruppe* vorzunehmen, weil die gegenseitige Korrektur sehr hilfreich sein kann.

Nach unseren Erfahrungen fallen diese Beobachtungen denjenigen besonders schwer, die sich z. B. zuvor gründlicher mit den psychiatrischen Krankheitsbildern befaßt haben. Sie werden lange Zeit immer wieder in die Haltung verfallen, nach »Kategorisierungen« zu suchen, bestimmte Begriffe wiederfinden zu wollen, oder sich darauf zu beschränken, ein bestimmtes Verhalten, das theoretisch zu erwarten wäre, auch aufzufinden usw. Dieses Wissen muß für die Beobachtung der Handlungsprobleme zunächst radikal zurückgestellt werden. Es kann später, wenn man ein Bild der Probleme in ihrer individuellen Erscheinungsform hat, sich als durchaus nützlich erweisen, um den einzelnen Betreuten besser zu verstehen oder um sich selbst jene Erscheinungen besser zu erklären. *Es ersetzt aber auf keinen Fall das geduldige Hinsehen und genaue Wahrnehmen dieses einzelnen Menschen.*

_{Vorsicht bei der Anwendung von fertigen Begriffen!}

Am gefährlichsten sind Situationen, in denen man weiß, daß ein Betreuter z. B. wegen Depressionen behandelt wurde und man aufgrund dessen, was man über »Depressive« gelernt hat, sofort schließt, wie dieser Mensch sich verhält, wo seine Probleme liegen und was man dagegen zu tun hat. Dies führt in aller Regel zu verkehrten Schlüssen und geht an der individuellen Situation dieses Betreuten mit ziemlicher Sicherheit vorbei! *Deshalb ist es richtiger, alles, was man über seelische Erkrankungen gelernt hat, zunächst zu »vergessen« und stattdessen unbefangen hinzusehen.*

b) Diagnose von Handlungsproblemen der Betreuten

Eine Hilfe für die Beobachtung — vor allem dafür, auch solche Verhaltensaspekte mithinzubeziehen, die einem nicht spontan ins Auge fallen — kann es sein, unsere im I. Teil dieser Schrift entwickelten vier Schichten der Handlungssteuerung hinzuzuziehen und systematisch zu fragen,
— wo ein Betreuter *körperliche Einschränkungen* aufweist,
— wo *funktionelle Vorgänge* nicht gegeben oder gestört sind,

Vier Schichten der Handlungssteuerung als Beobachtungshilfen

— welche Auffälligkeiten *innerseelischer Kräfte und Motive* zu beobachten sind, und
— inwiefern *Ich-Impulse* schwach ausgeprägt oder behindert sind.

Die dort zusammengestellte Liste mit einer Auswahl polar geordneter Erscheinungsformen psychischer Behinderung kann Beispiele und Anregungen dafür geben, was in diesem Zusammenhang in den vier Schichten der Handlungssteuerung zu beobachten ist. Sie darf aber keinesfalls als eine Art Check-Liste mißverstanden werden, nach der man die Handlungsprobleme der Betreuten »abhaken« könnte; dazu ist sie viel zu unvollständig.

Acht Stufen des Arbeitsprozesses als Beobachtungshilfen

Eine weitere, differenzierte Möglichkeit der auf Beobachtung gestützten Diagnose von Handlungsproblemen der Betreuten ergibt sich, wenn man das achtgliedrige Schema des Arbeitsprozesses heranzieht. Während dieses Schema oben benutzt wurde, um Arbeitsprozesse — unabhängig von einem bestimmten Arbeitenden — auf ihre lernrelevanten Anforderungen hin zu untersuchen, kann man hier dieselbe Gliederung auch dafür einsetzen, systematisch *Verhaltensprobleme eines Betreuten einzugrenzen und zu bestimmen*. Dies geschieht, indem man nicht einen Arbeitsablauf zum Gegenstand der Betrachtung macht, sondern längere Zeit einen bestimmten *Betreuten* in vielfältigen Arbeits- und sonstigen Handlungssituationen wahrnimmt und nach einiger Zeit sich zu vergegenwärtigen versucht,

Zur Diagnose von Handlungsproblemen der Betreuten

— wie er sich beim Entdecken bzw. Übernehmen einer Aufgabe verhält und welche Schwierigkeiten auftreten (z. B. er nimmt gar nicht auf, worum es geht);
— wie er sich beim Planen verhält und welche Schwierigkeiten auftreten (z. B. er verstrickt sich in unwichtige Details auf Kosten der großen Zusammenhänge);
— wie er sich beim Entschließen zur Tat verhält und welche Schwierigkeiten auftreten (z. B. er zögert lange, weicht aus);
— wie er sich bei der Durchführung der Arbeit verhält und welche Schwierig-

keiten auftreten (z. B. er macht vorzeitig schlapp, arbeitet sehr langsam);
— wie er sich beim Prüfen der Arbeit verhält und welche Schwierigkeiten auftreten (z. B. er sieht seine Fehler gar nicht);
— wie er sich verhält, wenn Korrekturen nötig sind und welche Schwierigkeiten auftreten (z. B. er rutscht beim kleinsten Fehler gleich »in den Keller«);
— wie er sich beim Abschließen einer Aufgabe verhält und welche Schwierigkeiten auftreten (z. B. er kann nicht aufhören, es verfolgt ihn lange);
— wie er sich beim Auswerten einer Arbeit verhält und welche Schwierigkeiten auftreten (z. B. er verdrängt alles, flieht vor der »Bilanz«).

Die acht Phasen oder Stufen des Arbeitsprozesses werden hier Grundlage einer auf den einzelnen bezogenen Verhaltensdiagnostik, wenn man die Beobachtungen auf den jeweiligen Verhaltensstufen wiederum verbindet mit den eben nochmals genannten vier Schichten der Handlungssteuerung; wenn man also versucht, die Beobachtungen auf jeder Handlungsstufe danach zu ordnen, ob es sich dabei um körperliche Einschränkungen, funktionelle Störungen, seelische Auffälligkeiten oder Ich-Schwächen handelt.

Verbindung mit den vier Schichten

c) Vergleich von Anforderungen der Arbeit mit Problemen der Betreuten

Dieses auf die acht Arbeitsphasen gegründete Diagnoseverfahren hat den methodisch unschätzbaren Vorteil, daß ein und dasselbe Untersuchungs- und Gliederungsinstrument benutzt wird a.) zur Feststellung der Handlungsprobleme der Betreuten und b.) zur Feststellung der lernrelevanten Anforderungen von Arbeitsprozessen. Damit ist der entscheidende Schritt getan, *direkt* beides aufeinander beziehen zu können. Man kann nun mit Hilfe dieses Schemas die Probleme beschreiben, die z. B. jemand beim Planen hat, und man kann Arbeitsarten oder -aufgaben bestimmen, die möglichst diesen Problemen entsprechende Lernchancen bieten. Hat also jemand z. B. beim Planen große Schwierigkeiten, Vorstellungen zu bilden und zu ordnen, kann man auf der anderen Seite zu-

Korrespondenz von Arbeitsanforderungen und Handlungsproblemen

nächst nach Arbeitsaufgaben suchen, die auf der Stufe der Planung entsprechende elementare Anforderungen stellen, an denen der Betreute lernen kann. Anschließend könnte man nach Arbeiten suchen, deren Anforderungen an die Vorstellungskraft beim Planen etwas höher sind, usf.

Hat der Arbeitsleiter ein Bewußtsein von den lernrelevanten Anforderungen der Arbeiten in seiner Werkstatt, dann kann er nach der Bestandsaufnahme der Handlungsprobleme eines Betreuten recht genau festlegen, mit welchen Arbeiten bzw. Teilaufgaben in seinem Arbeitsbereich er diesem Betreuten bei der allmählichen Überwindung seiner Handlungsprobleme helfen kann. Für jeden Betreuten wird in jeder Werkstatt eine Art »*Deckungsanalyse*« möglich, aus der hervorgeht, welche — auf die acht Phasen bezogenen — Handlungsprobleme mit den Mitteln dieser Werkstatt überhaupt überwunden werden können und welche Probleme besser wo anders bearbeitet werden sollten.

»Profil-Vergleich« Anforderungen und Probleme

Bildlich gesprochen hat der Arbeitsleiter mit seiner systematischen Untersuchung der lernrelevanten Anforderungen seiner Arbeiten in den Begriffen des achtgliedrigen Schemas eine Art »Schlüsselfolie« in der Hand (ähnlich den Lösungsschlüsseln bei den Kammerprüfungen), die er auf das ebenfalls in den Begriffen des achtgliedrigen Schemas erarbeitete Problemprofil des jeweiligen Betreuten legen kann und die ihm dadurch Aufschluß gibt, welche Anforderungen seines Arbeitsbereichs hier besonders gefragt sind bzw. für welche Probleme des Betreuten er eventuell Hilfen anzubieten hat. Natürlich läßt sich das in der Praxis nicht ganz so technisch und formell perfekt durchführen, weil es sinnvoller ist, die Probleme und Anforderungen verbal zu beschreiben. Dennoch sei dieser Zusammenhang für Freunde der Formalisierung graphisch in einem Koordinatensystem dargestellt, dessen senkrechte Achse die acht Arbeits- bzw. Handlungsstufen enthält, während die waagrechte Achse lediglich eine quantitative Stufung (niedrig / hoch bei den Anforderungen bzw. klein / groß bei den Handlungsproblemen) aufweist. Die durchgezogene Kurve im Feld repräsentiere das Anforderungsprofil irgendeiner Arbeit, die gestrichelte das (fiktive) Problemprofil eines Betreuten. Es wird im Vergleich beider Kurven deutlich, wo sie sich decken und wo sie auseinanderliegen.

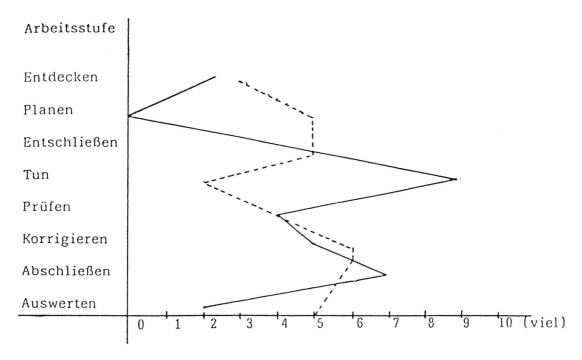

In diesem (fiktiven) Beispiel entsprächen die Anforderungen im Bereich des Entdeckens, Entschließens, Prüfens, Korrigierens und Abschließens in etwa den Problemen des Betreuten, hier könnten diese Anforderungen also als rehabilitative Lernchancen eingesetzt werden. Keine Deckung besteht dagegen bei den Problemen, die der Betreute beim Planen und Auswerten hat. Die hohen Anforderungen, die diese Arbeiten beim Tun stellen, könnten deshalb in diesem speziellen Fall nicht zum Tragen kommen, weil der Betreute hier kaum Probleme hat.

Diagnostische Möglichkeiten des Profilvergleichs

Die Begrenztheit eines solchen Profilvergleichs liegt, wie gesagt, darin, daß die Abstufung nach »hoch« oder »niedrig« unscharf und nur als subjektive Einschätzung möglich ist und die inhaltliche Bestimmung der jeweiligen Anforderungen bzw. Probleme nicht ersetzen kann. Aber andererseits gibt ein solcher Profilvergleich — mit allem Vorbehalt — doch eine grobe Orientierung über Angemessenheit und Rehabilitationsmöglichkeit eines Arbeitsbereichs gegenüber den speziellen Handlungsproblemen eines Betreuten. Jedenfalls ermöglicht er schnell Hinweise darauf, in welchen Arbeitsphasen der Werkstatt dieser Betreute mit Schwierigkeiten zu kämpfen haben wird bzw. welchen Anforderungen er besonders ausgesetzt werden sollte, weil sie eine Lernherausforderung für ihn darstellen. Weiter kann man Überforderungssituationen diagnostizieren, nämlich dort, wo beide Profile Extremwerte aufweisen oder wo ein relativ hoher Wert des Problemprofils noch überschritten wird von einem Wert des Anforderungsprofils. Generell könnte man sagen, daß bei hohen Problemwerten Arbeitsbereiche zunächst vorzuziehen sind, die relativ niedrige Anforderungswerte auf der entsprechenden Arbeitsstufe aufweisen, weil dies ein allmähliches Steigern der Anforderungen nach Lernfortschritt zuläßt.

Jeder Arbeitsleiter sei also angeregt, für seinen Bereich solche Profile zu erstellen! Damit wird er allmählich immer besser bestimmen können, »was für wen gut ist«.

d) Wo steht der Betreute in seiner Lernentwicklung?

Die bisherigen Überlegungen zur Diagnose der Handlungsprobleme der Betreuten betrafen vor allem die Anfangssituation in einer Werkstatt, in der sich der Arbeitsleiter ein Bild von den Schwierigkeiten und Lernbedürfnissen des »neuen« Mitarbeiters machen muß. Die Beobachtungsvorschläge, die wir dazu gemacht haben, eignen sich darüber hinaus aber auch, um den *Entwicklungsfortschritt* eines Betreuten zu verfolgen, wenn von Zeit zu Zeit mit Hilfe des oben besprochenen Beobachtungsrasters das Handeln des Betreuten *wiederum* betrachtet und mit den vorherigen Eindrücken verglichen wird. Das kann dann selbstverständlich auf diejenigen Handlungsprobleme beschränkt werden, die diagnostiziert und im vorliegenden Arbeitsbereich als relevant eingeschätzt werden. Auf diese Weise ist also mit den bisher schon bekannten Mitteln auch eine Art »Lernzielkontrolle« möglich.

Beobachtung des Lernfortschritts

»Lernzielkontrolle« durch wiederholte Beobachtung

Es muß aber noch eine andere Verlaufsform des Lernens beachtet werden, weil sie je nach ihrem Stand ganz unterschiedliche Vorgehensweisen des Arbeitsleiters erfordert. Der persönlichkeitsbezogene Lernprozeß, den wir als Aufgabe der Rehabilitation betrachten, verläuft grundsätzlich in vier aufeinander aufbauenden Stufen:

1.) Auf der ersten Lernstufe wird ein Lerninhalt, eine neue Fähigkeit usw. erst einmal *aufgenommen* und als Forderung bewußt; es kommt zu einer ersten Auseinandersetzung, einem Kennenlernen, was natürlich noch lange nicht bedeutet, daß das Neue nun auch schon gekonnt würde.
2.) Auf der zweiten Lernstufe wird dieses Neue *geübt*; man setzt sich systematisch damit auseinander, probiert es immer und immer wieder, »schleift« es ein, bis es »in Fleisch und Blut« übergeht. Dann kann man das neue Verhalten meist als eine Art Gewohnheit ohne viel nachzudenken reproduzieren.
3.) Auf der dritten Lernstufe wird das Eingeübte *innerlich angeeignet*, verinnerlicht; es wird seelischer Besitz, Teil der Person; es prägt das Verhalten nicht aus der Ebene der Gewohnheiten, sondern auch aus der des bewußten Den-

Vier Stufen des Lernprozesses

kens, Fühlens und Wollens.

4.) Auf der vierten Lernstufe schließlich wird das Angeeignete *individualisiert*; d. h., es bekommt einen persönlichen Stil, der Lernende kann souverän und bewußt damit umgehen, er kann das Gelernte auch variieren, modifizieren, selbständig weiterentwickeln.

Der aufmerksame Leser hat selbstverständlich bemerkt, daß in den vier Lernstufen wieder die vier Schichten der Handlungssteuerung stecken, und dies ist auch inhaltlich verständlich, weil es in unserem Verständnis beim personbezogenen Lernen bzw. bei der Rehabilitation um ein schrittweises Verändern und Umgestalten dieser vier Schichten geht. Ein umfassendes Beispiel für die vier Lernstufen bietet wieder das Erlernen des Autofahrens:

Beispiel Fahrschule

— Auf der ersten Stufe nimmt man die Anweisungen des Fahrlehrers auf und versucht, sich in dieser neuen Umwelt zu orientieren, die verschiedenen Hebel kennenzulernen usw.
— Auf der zweiten Stufe werden die Fahrfunktionen — Gasgeben, Kuppeln, Schalten, Bremsen — so lange eingeübt, bis sie »im Schlaf« beherrscht werden.
— Auf der dritten Stufe kommt es zur Verinnerlichung bestimmter technischer und sozialer Regeln: Wie laut der Motor aufheulen darf, wie nah man an den Vordermann heranfährt, wie höflich man sich in ungeregelten Situationen verhält.
— Auf der vierten Stufe entwickelt sich ein »individueller Fahrstil«. Dann kennt man die eigenen Grenzen und Belastbarkeiten und paßt sein Fahrverhalten bewußt der Situation, aber auch sich selbst an; man lernt, sich nicht ohne weiteres auf die Verkehrsregeln zu verlassen, sondern u. U. auch ganz unabhängig von ihnen das zu tun, was in dieser Situation richtig ist (indem man z. B., wie man sagt, »mit der Dummheit der anderen rechnet«).

Bei welchem Lernschritt steht der Betreute?

Vollständig gelernt hat man eine neue Verhaltensweise, ein neues Gebiet, eine neue Rolle usw. erst dann, wenn alle vier Stufen vollzogen wurden (auch wenn

Lernprozesse oft bei einem früheren Schritt stehenbleiben und es in der Rehabilitation mitunter nur darum gehen kann, bis zu einem bestimmten Lernschritt vordringen zu wollen). Für den Arbeitsleiter ist es wichtig, an jedem Betreuten möglichst genau zu beobachten, auf welcher Stufe er sich gerade im Erlernen einer neuen Fähigkeit, eines neuen Verhaltens befindet, weil jede Stufe ein bestimmtes Lernumfeld und eine bestimmte Lehrmethode verlangt:

○ Solange sich ein Lernender auf der ersten Stufe, dem Aufnehmen, befindet, »Aufnehmen«
kommt es darauf an, seine Aufmerksamkeit und Bereitschaft zur Auseinandersetzung mit der Sache zu wecken und zu erhalten; es muß ihm überhaupt das Problem bewußt werden. Hier kommt es oft auf die konkrete *Erfahrung der eigenen Unzulänglichkeit* an, weshalb es u. U. nötig ist, den Lernenden einmal scheitern zu lassen und ihm seine Fehler vor Augen zu führen, vielleicht ihn zu eigenen Untersuchungen und »Forschungen« anzuregen oder ihm die Sache so lebendig und anschaulich darzustellen und zu erklären, daß es von daher zu einer Auseinandersetzung mit ihr kommt. Für die Rehabilitation durch Arbeit kommt es darauf an, die Betreuten mit Neuem, Unbekanntem, auch noch nicht Gekonntem zu konfrontieren, sie möglicherweise auch Fehler machen zu lassen.

○ Während der Lernstufe »Üben« kommt es besonders darauf an, daß der Ler- »Üben«
nende die Zeit und Ruhe hat, die er persönlich für diese Stufe braucht, und daß ihm vor allem genügend Stoff zum Üben zur Verfügung steht. Hier geht es für den Arbeitsleiter darum, nicht ständig etwas Neues an den Betreuten heranzutragen, sondern für unter Lerngesichtspunkten *gleichartige* Aufgaben zu sorgen. Gerade weil dieser Lernschritt zu unbewußtem Können führt, gehört es auch zur Begleitung dieser Lernstufe, dem Betreuten seine Erfolge immer wieder sichtbar zu machen.

○ »Kann« ein Betreuter die neue Verhaltensweise, weil er sie gut eingeübt hat, muß er deren Prinzipien und Regeln verinnerlichen, um das nächste Mal auch bei gewissen Veränderungen der Aufgabenstellung (bei denen eine einfache Reproduktion des Eingeübten nicht ausreicht) nicht zu scheitern. Dazu »Verinnerlichen«
kann etwas »Fachtheorie« nützlich sein, also die gedankliche Gliederung

und Durchdringung der neuen Fähigkeit, die nun »*begriffen*«, das heißt in ihren wesentlichen Strukturen erfaßt werden soll. Hier könnte eine »wissenschaftliche Erklärung« ansetzen. — Ein anderer Weg der Verinnerlichung führt über die *Autorität* des Arbeitsleiters, der durch direkte Anweisung und Kontrolle dafür sorgt, daß bei veränderten Aufgabenstellungen die vorigen Grundregeln eingehalten werden und der deutlich darauf hinweist, wenn etwas, das »eigentlich« schon gewußt oder gekonnt sein sollte, nicht eingehalten wird. Wichtig ist die Zuweisung von Aufgaben, die einen jeweils abgewandelten Einsatz des bisher Erübten verlangen. Die persönliche Autorität des Arbeitsleiters kann selbstverständlich durch erfahrene Mitarbeiter oder eine kritisch die Arbeit beurteilende Kollegengruppe ersetzt werden. Ein wichtiges Hilfsmittel, um diesen Verinnerlichungsschritt zu vertiefen, kann auch darin bestehen, den Betreuten dazu zu bringen, sich in die Rolle eines anderen, betroffenen Menschen hineinzuversetzen: eines Kunden oder Mitarbeiters etwa, aus dessen Sicht das geforderte Verhalten sinnvoll und verständlich wird. — Der sicherste und für den Betreuten beste Weg der Verinnerlichung aber führt zweifellos über die *Einsicht* in die Notwendigkeit eines Verhaltens, einer Regel, einer Selbstüberwindung usw., also über die eigene Willensüberzeugung, die sich auf das Verstehen der Situation stützt. Dies kann durch Erleben der Folgen abweichenden Handelns geschehen, aber auch über klärende Gespräche.

»Individualisieren« ○ Die letzte Stufe, die »Individualisierung« des Gelernten, ist die Stufe zum selbständigen Umgang mit einer neuen Fähigkeit. Diese Stufe verlangt vom Arbeitsleiter, daß er diese *Selbständigkeit* weitgehend einräumt, also nicht alles genau vorschreibt, ständig korrigiert und andauernd dem Betreuten auf die Finger schaut, sondern daß er ihn möglichst selbständig Probleme lösen läßt. Der Lernende muß nun seine eigenen Wege ausprobieren können und selbst entdecken, wie etwas zu tun oder zu lösen ist; er muß sich durch neuartige Aufgaben alleine durchbeißen. Der Arbeitsleiter muß für entsprechend offene Arbeitsaufgaben sorgen und dann warten, bis er gefragt wird. Zugleich darf er bei diesem Lernschritt nicht mehr von der Einhaltung bestimm-

ter Normen her urteilen, sondern muß sich in jede individuelle Lösung neu hineindenken.

Bei der Frage, welche Arbeit bzw. Arbeitsaufgabe für wen »gut« ist, geht es nicht nur um die inhaltliche Entsprechung von Handlungsproblemen der Arbeitenden und den lernrelevanten Anforderungen der jeweiligen Arbeit, sondern es muß auch jeweils beurteilt werden, bei welchem Lernschritt der Betreute steht. Dementsprechend muß der Arbeitsleiter die Art der Aufgabenstellung wählen und sein eigenes Verhalten als »Arbeitspädagoge« einrichten.

Zusammenfassung

○ Um die Verhaltensschwierigkeiten seiner Betreuten zu erkennen, braucht der Arbeitsleiter nicht in erster Linie psychiatrisches Fachwissen, sondern eine systematische Schulung seiner Beobachtungsfähigkeit.
○ Zur systematischen Beobachtung der Handlungsprobleme der Betreuten empfiehlt es sich, die acht Arbeitsstufen zugrundezulegen und u. U. nochmals nach den vier Schichten der Handlungssteuerung zu differenzieren. Beides dient dann nicht der Bestimmung von lernrelevanten Anforderungen einer Arbeit, sondern der Diagnose von Verhaltensschwächen der Arbeitenden.
○ Benutzt man in dieser Weise das gleiche Begriffsraster für die Untersuchung von Anforderungen und Schwierigkeiten, ist eine direkte Deckungsanalyse und im Rahmen einer Art »Profilvergleich« die Beantwortung der Frage möglich, »was für wen gut ist«.
○ Wir können vier Stufen der Lernentwicklung unterscheiden: Aufnehmen, Üben, Verinnerlichen und Individualisieren. Jede Stufe verlangt ein anderes Lehrverhalten des Arbeitsleiters und eine andere Lernform der Betreuten.

Übungen:

o Versuchen Sie, irgendeinen kleinen Gegenstand aus Ihrer Umgebung — etwa einen Bleistift — genau zu betrachten und zu beschreiben. Tun Sie dies täglich mit dem gleichen oder mit wechselnden Gegenständen.

o Legen Sie einen Stein und ein Blatt nebeneinander, beobachten Sie eine Zeitlang sehr genau beide Dinge und beschreiben Sie dann, was Sie wahrgenommen haben. Fügen Sie zunächst nichts Gedankliches hinzu, sondern notieren Sie nur, was Sie sehen, tasten, hören usw. können.

o Beobachten Sie die Bewegungen eines Tieres (einer Fliege z. B.) und versuchen Sie, diese genau zu beschreiben. Vermeiden Sie dabei jeden deutenden Begriff.

o Wählen Sie eine typische, täglich wiederkehrende Situation in Ihrer Werkstatt, etwa das morgendliche Hereinkommen der Betreuten. Beobachten Sie — ohne jede Deutung — genau, a.) ob es dabei Unterschiede zwischen den Betreuten gibt und b.) ob ein oder zwei Betreute dieses Verhalten über längere Zeit beibehalten oder es verändern.

o Wählen Sie andere kleine, wiederkehrende Situationen in der Werkstatt und versuchen Sie dieselbe Beobachtung.

o Fertigen Sie für jeden Betreuten Ihrer Werkstatt anhand des achtgliederigen Schemas ein genaues Beobachtungsprotokoll seines Verhaltens an und markieren Sie besonders die Verhaltensprobleme, die Thema der Rehabilitation sind. — Wiederholen Sie diese Beobachtungen nach angemessener Frist, z. B. nach 2 Monaten, ohne zunächst in das erste Protokoll zu sehen. — Vergleichen Sie dann beide und versuchen Sie, Lernfortschritte festzustellen.

o Versuchen Sie, von jedem Betreuten in Ihrer Werkstatt anzugeben, in welcher der vier Lernstufen er sich gerade in bezug auf welche Lernaufgabe befindet.

4. Von den unterschiedlichen Lernformen und ihren Einsatzmöglichkeiten im Rahmen der Rehabilitation durch Arbeit (nach E.-U. Wehle)

Im vergangenen Abschnitt wurde deutlich, daß sich auf unterschiedlichen Lernstufen die angemessene *Lernform* ändern muß. Vorher war schon einmal die Rede davon, daß nicht jeder Mensch die gleichen Lernstile in jeder Situation bevorzugt, weshalb in der Werkstatt eine Individualisierung solcher Lernformen und -stile zu fördern ist. Was sind diese »Lernformen«, welche gibt es, für welche »Lerninhalte« eignen sie sich?

Man sollte als Arbeitsleiter in der Lage sein, unterschiedlichste Lernformen gezielt einzusetzen, weil eben unterschiedliche Lernaufgaben bzw. unterschiedliche Lernstufen unterschiedliche Lernformen nahelegen. Wir möchten daher im folgenden Abschnitt einige Lernformen vorstellen und dies mit Hinweisen darauf verbinden, in welchen Situationen und für welche Lernaufgaben der Arbeitsleiter diese Form jeweils einsetzen soll.

a) Lernen durch Nachahmung

Die ursprünglichste Form des Lernens in der Werkstatt ist das Lernen durch Nachahmung. Nachahmung braucht gar nicht bewußt zu werden, sie geschieht gewissermaßen aus der Situation heraus. Diese Situation allerdings muß vom Lehrenden bewußt gestaltet werden, sonst kann Falsches oder Schädliches durch die Nachahmung gelernt werden. In der einfachsten Form führt der Arbeitsleiter eine Tätigkeit vor, der Lernende beobachtet sie genau und mit innerer Anteilnahme, entwickelt den Wunsch, dies auch zu können und bald selber tun zu dürfen. Im Idealfall spielt sich der Lernprozeß schon zeitgleich mit dem Beobachten ab und der Lernende verwirklicht die gelernte Handlung bei der ersten Gelegenheit als treues Abbild der beobachteten. Dabei muß ihm unbedingt bewußt sein, welche Details der Handlung technisch wesentlich sind und welche Details nur persönlicher Stil des Ausbilders waren. Dieser Stil, jede Eigenheit wird genauso nachgeahmt wie alles andere. Die (äußere) Aktivität ist beim nachahmenden Lernen zunächst beim Ausbilder konzentriert, während der Ler-

Prozeß der Nachahmung

nende innerlich aktiv ist, beobachtet und seelisch aufnimmt. Im Akt der Nachahmung setzt dann der Lernende ohne Bruch die Handlungen des Ausbilders fort, erlebt sich selbst dabei als in gleicher Weise handelnd.

Daß das Gelernte in der Wirklichkeit nicht gleich vollkommen beherrscht wird, tut hier nichts zur Sache. In der Wirklichkeit spielen immer mehrere Lernformen ineinander, das übende Lernen vermischt sich mit dem nachahmenden Lernen usw. Gedanklich muß man die Formen aber trennen, um ihren Eigenarten und Einsatzmöglichkeiten auf die Spur zu kommen.

Der pädagogisch-therapeutische Sinn von Lernarrangements für das nachahmende Lernen in der Werkstatt kann auch darin gesehen werden, daß das »Nachahmen-Können« für jeden Menschen eine wichtige Grundfähigkeit ist und bleibt, in der andere wichtige Grundfähigkeiten miteingeschlossen sind und mitausgebildet werden. Es sind die des »*Aufnehmens*«:

Elemente der »Nachahmungsfähigkeit«

1. umfassende und genaue Wahrnehmung des Vorbildes bzw. des Vorgangs;
2. inneres Engagement und Anteilnahme, gefühlsmäßige Beteiligung als Voraussetzung intensiver Wahrnehmung;
3. feste, reichhaltige und dauerhafte Verankerung in der Erinnerung bzw. auch in unbewußten Regionen des Gedächtnisses;
4. Fähigkeit zur erneuten Aktivierung der Erinnerung an das Vorbild;
5. Motivation, das Gelernte selber tun zu wollen;
6. Umsetzung von Motiv und Fähigkeit in konkrete eigene Handlungen.

Störungen der Nachahmung

Auch der erwachsene Mensch sollte eine für nachahmendes Lernen geeignete Aufgabe auf diesem Wege lernen können. Wem es schwer fällt, eine Lernaufgabe durch Nachahmung zu bewältigen, bei dem ist mindestens eine der genannten sechs Fähigkeiten gestört oder unzureichend entwickelt.

Jeder Werkstattbereich in der Rehabilitation sollte deshalb ganz bestimmte Lernschritte in seiner Konzeption einplanen, die nachahmendes Lernen fordern. Solche Aufgaben dienen dazu, die genannten Grundfähigkeiten aufzurufen und zu prüfen (diagnostische Funktion) und zu schulen bzw. zu korrigieren (pädagogisch-therapeutische Funktion). Daß das Lernen durch Nachahmung durchaus nicht nur für Kinder als bedeutsame Schulungsaufgabe, als Aufgabe exakter Wahrnehmung in Frage kommt, zeigt z. B. auch die berühmte Aufforderung Albrecht Dürers an seine Schüler, nicht nur nach der Natur zu zeichnen, sondern auch beim Kopieren älterer Meister fleißig zu sein.

Welche Aufgabenstellungen eignen sich nun besonders für nachahmendes Lernen?

Da sind zunächst einmal die Bereiche des Arbeitsverhaltens und der sogenannten Disziplinfragen wie Pünktlichkeit, Verbindlichkeit der Absprachen, Ordnung der Dinge in der Werkstatt, Sorgfalt im Umgang mit Material und Gerät. Hier wird mit Sicherheit nachgeahmt — es fragt sich nur, wie bewußt und fruchtbar der Ausbilder diesen Prozeß gestalten kann.

Angemessene Lerninhalte

Für gezielten und geplanten Einsatz der Nachahmung kommen ferner vor allem Tätigkeiten in Frage, die technisch nicht allzu schwierig sind, bei denen also nicht das übende Element überwiegt, und die — vor allem bei schwierig zu motivierenden »Kandidaten« — positive Identifikationsmöglichkeiten bieten. Man könnte sich folgende Beispiele denken:
— im Haushalt Gemüseschneiden, Fensterputzen, Geschirrspülen, Aufräumen;
— in der Landwirtschaft und im Stall das Füttern und Ausmisten, das sachgemäße Arbeiten mit Gabel, Schaufel, Hacke usw.;
— generell in den Handwerken die einfachen Hantierungen und die Ansätze zu den typischen Tätigkeiten: das Einspannen des Werkstückes, die Haltung der Werkzeuge und des Körpers, die Gelassenheit des Herangehens, die Richtung der Aufmerksamkeit usw.

Für diese bzw. andere zur Nachahmung empfohlenen Lernschritte sollte der Arbeitsleiter im Bewußtsein haben, daß die Gelegenheit des ersten Vormachens prägende Wirkung auf Dauer haben kann oder soll. Die ersten Ausführungen desjenigen, was der Betreffende durch Nachahmung gelernt hat, sollen vom Ausbilder besonders sorgfältig beobachtet werden, damit erkannt wird, ob der Betreffende den Lernschritt voll bewältigte — und wenn nicht, woran das gelegen hat. Dieses Beobachten kann je nachdem offen oder unauffällig geschehen. Wenn ein Mißerfolg oder teilweiser Mißerfolg beobachtet wird, dann sollte der Ausbilder zumindest lokalisieren, ob als Ursache ein Beobachtungsfehler, mangelnde Aufmerksamkeit, ein Erinnerungsfehler, ein Motivationsmangel oder die Unfähigkeit zur richtigen Umsetzung einer Absicht in Handlungen vorliegt (vgl. oben die sechs Punkte zum nachahmenden Lernen).

b) Übendes Lernen

Beim übenden Lernen reichen die Lernprozesse bis in Veränderungen des Körpers. Es können sich stärkere Muskeln ausbilden, spezifische Leistungen des Nervensystems in der Reizverarbeitung werden gesteigert. Voraussetzung für diese körperlichen Umbildungen ist, daß sich allmählich auch mehr innerliche Eigenschaften des Menschen ändern im Sinne der Umbildung seiner Gewohnheiten. Dies ist möglich, wenn das Üben über längere Zeit ausgeführt wird und rhythmisch angelegt ist. Übendes Lernen reicht im Sinne unserer vier Schichten der Handlungssteuerung sehr tief, weit über kognitive Einsichten oder seelische Reaktionen hinaus. Das übende Lernen ist der Teil des Lernens, der Handlungen aus dem zunächst hellwach und bewußt regulierten Bereich allmählich bei immer größerer Beherrschung und Sicherheit ins Unbewußte absinken läßt. Der ergänzende Prozeß der Aufnahme neuer Inhalte in das frei gewordene Bewußtsein ist nicht übendes Lernen im hier vertretenen Sinn. Das übende Lernen ist eine Lernform, die ausgesprochen formend, gestaltgebend auf die Fähigkeiten des Menschen wirkt. Man wird also übendes Lernen besonders für solche Menschen einsetzen, denen man Gelegenheit geben will, Struktur und Profil im Willensbereich bzw. im Bereich der Gewohnheiten auszubilden. Zu dieser Strukturierung gehört z. B. auch Verbindlichkeit im sozialen Bereich und die Einhaltung von Absprachen.

Welche Tätigkeiten eignen sich für übendes Lernen?

Für übendes Lernen eignen sich alle Tätigkeiten, deren Ausführung in Sicherheit, Genauigkeit und Schnelligkeit steigerungsfähig ist, ohne daß dazu komplizierte Entscheidungen oder Überlegungen nötig sind (es sei denn, daß gerade das Entscheiden oder Überlegen zu üben wäre). Zunächst kommen alle körperlich zu leistenden Verrichtungen in Betracht, zu denen man Kraft oder Geschick ausbilden muß oder wo durch deren Steigerung ein befriedigendes Arbeitstempo erreicht werden kann. In der Reihenfolge der Übungsziele steht das Tempo wohl selten an erster Stelle; Genauigkeit und Sicherheit der Ausführung sind vorrangig. Klassische Übungs- bzw. Trainingsaufgaben gibt es bei künstlerischen Übungen, z. B. beim Erlernen eines Musikinstrumentes oder auch beim Sport — also überall da, wo es auf eine saubere, akkurate und im Bewegungsablauf flüssige Ausführung ankommt. Man kann die meisten Aufgaben, die für das nachahmende Lernen genannt wurden, bei steigenden Anforderungen an das Ausführungsniveau auch als Übungsaufgaben sehen:
— im Haus putzen und abspülen »a tempo«;
— im Handwerk das exakte Sägen, Feilen, Schweißen, Hobeln, Schnitzen, also alle manuell-fachlichen Fertigkeiten;
— im Textilbereich das Handspinnen, Stricken und Häkeln.

Damit nicht die Motivation zum Üben erlahmt, sollte es in geeigneter Dosierung mit anderen Lernformen verbunden werden. So kann man rhythmische Unterbrechungen in drohende Monotonie bringen, dem Lernenden vor allem auch Zuwendung durch den Ausbilder zuteil werden lassen. Zumindest sollte regelmäßig der Arbeitserfolg und besonders der Lernfortschritt beachtet und bestätigt und immer wieder eine erklärende Korrektur angebracht werden, die dann

Anwendungen des Übens

am besten als Gelegenheit zum fachlichen Lernen durch Regeln und Erklärungen verstanden wird.

c) Lernen nach Regeln und Erklärungen

Lernform der »Verinnerlichung«

Wenn jemand etwas noch nicht richtig kann, deshalb einen Fehler macht, wird ihm oft vorgehalten: »Du solltest erst denken, dann handeln.« Dieses Motto scheint selbstverständlich und einleuchtend und liegt mehr oder weniger ausgesprochen den meisten organisierten Bildungsprozessen — teilweise auch in der praktischen Berufsausbildung — zugrunde. Gerade in der scheinbaren Selbstverständlichkeit dieses Satzes liegt aber die Gefahr, zu übersehen, daß es andere Lernprozesse gibt, die genau andersherum verlaufen. Nicht der bewußte Denkvorgang steht dort am Anfang, sondern das Erlebnis der eigenen Handlung, wie z. B. aus Nachahmung oder aus fortgesetztem Üben ohne besondere Reflexion. Mit gutem Grund sind in dieser Aufstellung zuerst andere Lernformen dargestellt worden, weil dem kognitiven Lernen hier nicht die Vorrangstellung eingeräumt werden sollte. Dennoch muß diese Lernform angemessene Berücksichtigung finden, wo immer es um die *Verinnerlichung* eines Lerninhaltes geht. Es kommt eben alles darauf an, dieser Lernform den richtigen Platz innerhalb des Gesamtvorganges der Rehabilitation zuzuweisen.

Theorie vor Praxis?

Das bloß verstandesmäßige Lernen allein reicht niemals aus, wenn eine Arbeitshandlung erlernt werden soll. Die Vorstellung ist noch keineswegs überwunden, daß *zuerst* ein theoretisches Verständnis einer Arbeit vermittelt werden müßte und erst danach die Anwendung des Gedächtniswissens oder der gewonnenen theoretischen Einsicht erfolgen könne. Sicher trifft das für manche Arbeiten zu, vor allem im hochtechnisierten Bereich, aber glücklicherweise nicht für alle. Bei

Grenzen des Erklärens

Kindern und auch bei Erwachsenen wird das Bedürfnis nach Verständnis im Sinn einer Erklärung oft überschätzt. Manchmal sind große Erklärungen pädagogisch »in den Wind gesprochen«, z. B. bei Kindern im Vorschulalter und auch später, wenn der Verständnishorizont, das Bedürfnis, zu verstehen, auf der betreffenden Ebene noch nicht entwickelt ist.

In einer Werkstatt, die persönlichkeitsbildende Ziele vor den fachlichen einordnet, muß der Lernbereich des Verstehens umfassender einbezogen werden. Die Ganzheit der Arbeit im Natur- und Sozialprozeß sollte hier auch verstandesmäßig durchdrungen werden können. Damit ist zugleich der therapeutische Sinn dieser Lernform bezeichnet. Das Verstehen ist ja als innere Handlung des Menschen nicht nur eine Ausweitung der Handlungsorientierung der Person, sondern zunächst und unmittelbar auch eine Integration getrennter Erlebnisinhalte in eine gemeinsame Bewußtseinsform. Das, was durch verstehendes Erkennen in die Gesamtpersönlichkeit eingegliedert wird, bereichert zugleich die Persönlichkeit. Dinge »mit Verstand« zu tun, setzt den Menschen in eine auch bewußtseinsmäßig integrierte Beziehung zur Wirklichkeit und schafft so eine Voraussetzung für eine Eingliederung auch des Fühlens und Wollens. Das gilt zumindest so lange, als das Lernen nicht übermäßig Theorie-orientiert und kopflastig wird, so lange es viel Anschauung und eigenes Erleben, eigene Handlungserfahrung und eigenes Engagement einschließt.

Erklären in der Reha-Werkstatt

Die Organisationsform des fachkundlichen Lernens kann entweder so erfolgen, daß ein besonderer Unterricht in schulmäßiger Form mit festen Wochenzeiten und festem Unterrichtsraum, u. U. auch eigenen Fachlehrern eingerichtet wird. Statt dessen oder ergänzend kann auch der Ausbilder des praktischen Bereiches selbst Vorbereitungen treffen und in der Arbeitssituation den günstigsten Moment für das Lernen abpassen, an dem eine Erklärung bestimmter Zusammenhänge auch aufgenommen und mit Interesse verarbeitet und verstanden wird. Im Idealfall wird die Lernsituation praktisch so arrangiert, daß der Lernende von selbst auf die zu stellenden Fragen stößt und alles Erklären dann die Form der Beantwortung solcher Fragen hat.

Grundsätzlich sollten in keinem Arbeitsbereich solche Lernchancen vertan wer-

Nutzung von Erkenntnischancen

den, die sich in einem Erkenntnisinteresse der dort Arbeitenden und Lernenden niederschlagen. Bei vielen Arbeiten ist ganz klar, daß man vieles dabei erklären, erläutern und verstehen kann. Aber auch bei scheinbar sehr einfachen und wiederkehrenden Arbeiten, zu deren Ausführung keine weiteren Kenntnisse nötig sind, kann ein Erkenntnisinteresse aus der Tätigkeit entstehen, das sich auf die Voraussetzungen, die Umstände und den Sinn dieser Arbeit bezieht. Das Erkenntnisinteresse kann geweckt und vertieft werden, so lange dadurch keine Ablenkung von den Gegenwartspflichten, der ordentlichen Ausführung oder dem konzentrierten Erlernen und Erüben der Arbeitshandlung selbst zu befürchten ist.

Eine Verbindung dieser Lernform mit anderen Lernformen ist zur Vermeidung einseitig begrifflichen Lernens unbedingt erforderlich. Günstig wird es in jedem Falle sein, die passiv aufnehmende Rolle des Lernenden beim Aufnehmen von Wissensstoff durch aktive Lernformen zu ergänzen, durch intensive manuelle Übungen oder durch integrierendes, entdeckendes Lernen.

d) Das entdeckende Lernen

Prozeß des entdeckenden Lernens

Mit entdeckendem Lernen ist gemeint, daß am Anfang des betreffenden Lernprozesses eine Handlung, ein Versuch zur Bewältigung einer neuen Arbeitsaufgabe steht und daß der Lernende aus seinen positiven oder negativen Erfahrungen *eigene* Schlußfolgerungen zieht, seine Handlungsweise verbessert, der Problemstellung besser anpaßt und so im Laufe der Zeit immer bessere Ergebnisse erzielt.

Die Rolle des »Ausbilders« beschränkt sich auf das zurückhaltende Beobachten aus der Ferne, um in Gefahrenmomenten doch noch eingreifen zu können oder um bei erbetenen Hilfestellungen auf dem Laufenden zu sein. Die Lernenden bemühen sich also, weitgehend *selbständig* ihre Aufgaben zu lösen und die überlegene Fachkompetenz der Ausbilder möglichst erst zur nachträglichen Besprechung und Bewertung ihrer Leistung heranzuziehen.

Die Idee des entdeckenden Lernens steht im bewußten Gegensatz zu den älteren, etablierten Formen des autoritär-frontalen Schulunterrichts, des streng funktionsgebundenen Qualifizierungsprogramms in der beruflichen Aus- und Weiterbildung und auch zu den traditionellen Vorgehensweisen des monotonübenden Drills. Durch entdeckendes Lernen, vor allem an ganzheitlichen Projektaufgaben (projektorientiertes Lernen), soll nicht nur eine breitere Basis fachlicher Qualifikationen, eine bessere Lernmotivation und mehr begründetes Engagement zum Lernen erreicht werden, sondern es sollen auch allgemein bedeutsame Persönlichkeitseigenschaften gefördert werden wie z. B. Kreativität, Eigenverantwortlichkeit, Fähigkeit zur Übersicht, Realitätswahrnehmung, Initiative und viele andere.

Ziele des endeckenden Lernens

Es gibt eine Reihe von Bedingungen für die Verwirklichung des entdeckenden Lernens:
1. Die Arbeits- bzw. Lernaufgabe muß eine klare Zielsetzung haben; der Weg aber, auf dem das Ziel zu erreichen ist, darf nicht in allen Teilen vorgeschrieben sein.
2. Der so gegebene Handlungsspielraum muß von dem Lernenden in angemessener Kompetenz konstruktiv und kreativ ausgeschöpft werden können. Der Lernende sollte in der Lage sein, eigene Vorstellungen zum Vorgehen zu entwickeln und probehalber zu realisieren.
3. Das Resultat der Lösungsversuche muß klar erkennbar und bewertbar sein (auch für den Lernenden selbst).
4. Das Ergebnis fehlgeschlagener oder mangelhafter Versuche muß im wesentlichen korrigierbar sein.
5. Der Lernende muß eine seinen objektiven Fähigkeiten und seiner subjektiven Belastbarkeit entsprechende Chance haben, durch Versuch und Irrtum eine letztlich befriedigende Lösung zu erreichen.

Bedingungen des entdeckenden Lernens

Rückschau

Damit sind einige Bedingungen des pädagogischen Arrangements gegeben, die der Arbeitsleiter — mit oder ohne Wissen der Lernenden — herzustellen hat. Nicht zwingend notwendig, aber in den meisten Fällen sehr fruchtbar wird es sein, nach dem abgeschlossenen Lernabschnitt gemeinsam auf den Lernprozeß zurückzuschauen:
— Was wurde erreicht?
— Welche Fehler wurden gemacht?
— Wie konnten die Fehler überwunden werden?
— Welche Aufgabe welcher Art und mit welchem Schwierigkeitsgrad könnte als nächstes den Lernprozeß weiterführen?

Das entdeckende Lernen fördert eine Reihe auch für die Rehabilitation wichtiger allgemeiner Fähigkeiten und persönlicher Kräfte:

Pädagogische Wirkungen des entdeckenden Lernens

1. Auffassung des Problems, der Aufgabe.
2. Inneres Engagement für eine individuell gestaltete Lösung.
3. Phantasie, sich mögliche Lösungswege vorzustellen.
4. Konkretisierung der Phantasie in einen Handlungsplan.
5. Aktive Durchführung des Plans gegen äußere und innere Widerstände, Zweifel, Unlustgefühle.
6. Nüchterne und illusionslose Wahrnehmung der Resultate.
7. Bewertung der Resultate, ggf. Erfassen von Mängeln als erneute Aufgabe.
8. Loslassen der Aufgabe, wenn sie zu einer befriedigenden Lösung gebracht ist und Zuwendung zu neuen Aufgaben (im Gegensatz zu überzogenen Ansprüchen und Perfektionismus)

Das entdeckende Lernen setzt beim Lernenden eine gewisse Selbständigkeit voraus und es ist ein bestimmtes Maß an Arbeitstugend und eine beträchtliche Belastbarkeit gegenüber Frustrationen und Mißerfolgen nötig, um wirklich Erfolg zu haben — das muß bei allen positiven, ja idealen Aspekten des entdeckenden Lernens klar gesehen werden.

Die weitgehende Selbständigkeit des Lernenden bei der Arbeit bedeutet keineswegs, daß der Arbeitsleiter über das Lernarrangement hinaus wenig zu tun hätte. Ganz im Gegenteil ist es nötig, ständig in unauffälliger Weise dabei zu sein, wahrzunehmen, wo der Lernende steht. Die Kunst des richtigen Intervenierens bedarf hier der Ergänzung durch die Kunst des richtigen Nicht-Intervenierens. Diese dauernde Bereitschaft bei gleichzeitiger Zurückhaltung und ständig begleitender Aufmerksamkeit ist das Spezifische an der Ausbilderhaltung während des entdeckenden Lernens. Hinzu kommt eine besonders genaue Vorausplanung der Aufgabe in didaktischer Hinsicht, weil später direkte korrigierende Eingriffe möglichst unterbleiben sollen. Zumindest muß sich der Ausbilder ein klares Bild der fachlichen und personalen Lernziele machen, die er mit der Aufgabenstellung verfolgen will.

Rolle des Arbeitsleiters

Wichtig ist bei der Planung solcher Lernaufgaben, daß das selbständige Element, die Chance zum entdeckenden Lernen, nicht unbedingt in der technischen Fertigkeit liegen muß, die fachlich zu erlernen ist. Auch bei technisch völlig eindeutigen Arbeitsaufgaben gibt es eine Fülle von Gestaltungsmöglichkeiten im zeitlichen Ablauf, bei der Arbeitsteilung, in der Wahl und Aufstellung der Werkzeuge und Geräte, bei der Organisation des Materialflusses und im gesamten Sozial- und Kommunikationsprozeß. Auch der Übergang von der Einzelfertigung zu einer Kleinserie erfordert das Planen von Hilfsmitteln, von Einspann- und Wechselvorrichtungen, und in jedem dieser Felder können »Projekte für den Lernenden« gefunden werden. Selbst scheinbar ganz stupide Produktionen können auf diese Weise eine Quelle von Lernchancen für das entdeckende Lernen werden, allerdings dann auf ziemlich hohem Niveau, denn das Organisieren-Können ist eine Fähigkeit, die viele andere voraussetzt.

Als Grundlage sollte man in jedem Arbeitsbereich eine *Stufenleiter* von »Entdeckungsaufgaben« vorbereiten, die mit sehr kleinen Schritten beginnt und später zu größeren fortschreitet. Am Anfang kann z. B. das Einüben fachlich-manueller Fertigkeiten anstelle des Vormachens oder der detaillierten Anwei-

Stufung von Entdeckungsaufgaben

sung dadurch betrieben werden, daß zwar das erwünschte Ergebnis genau bezeichnet, der Weg dahin aber teilweise als selbständig zu suchender offen gelassen wird. Wichtig ist für diese ersten Schritte, daß die Aufgabe ganz eindeutig, daß das Engagement zu möglichst hervorragender Ausführung beim Lernenden vorhanden ist — sonst ist es für diesen Betreuten noch zu früh für das entdeckende Lernen. Z. B. kann jemand, der im Garten schon sorgfältig übte und genaues Beobachten gelernt hat, dann einmal den Auftrag bekommen, ein Beet selbständig so einzuteilen, daß Kohl und Salatpflänzchen im richtigen Wechsel und in bestimmten Abständen zu stehen kommen. Die Kriterien der Beurteilung sind in diesem Falle klar: gerade Reihen, gleichmäßige, exakte Abstände. Dadurch kann der Lernende sich selbst präzis kontrollieren.

Weiter und höher führende Ideen für neue, komplexere Aufgaben kann jeder Arbeitsleiter dadurch finden, daß er sich überlegt, was der Lernende mindestens können müßte, um den Arbeitsleiter im Fall einer Erkrankung oder während des Urlaubes eine Zeitlang zu vertreten (Beispiele hierzu kann man sich selbst entwickeln, wenn man einen Arbeitsbereich wirklich überschaut).

Ein Anwendungsbeispiel:

Beispiel: Autowaschen

Ein leicht lernbehinderter Junge hat zunächst durch nachahmendes Lernen und geduldiges Erklären gelernt, ein Auto mit Wasser, Schwamm und Autoshampoo zu waschen und den groben Schmutz nach unten abfließen zu lassen, statt ihn mit dem Schwamm nach oben zu tragen, wo er bei weiterem Reiben den Lack beschädigen könnte. Er hat also alle Arbeitsgänge schon einmal unter Anleitung gemacht. Nun soll er sie zum ersten Mal alleine durchführen. Dabei entdeckt er, daß es eine ganze Reihe notwendiger Nebenarbeiten gibt, die ihn bei der Hauptarbeit unterbrechen, z. B.
— neues Wasser holen,
— entscheiden, wann das Auto sauber genug zum Abledern ist,

— entscheiden, wann die Vorwäsche mit klarem Wasser fertig ist,
— ständig für einen sauberen Schwamm sorgen, usw.

Er muß also den Ablauf organisieren und er braucht dazu beim ersten Mal sehr viel Zeit, sehr viel Wasser usw. Er entdeckt auch, daß man leicht den bisherigen Erfolg der Arbeit wieder verderben kann, wenn man mit nicht mehr ganz sauberem Schwamm stellenweise nachwischen will, wo eine Ecke übersehen wurde. Er entdeckt, daß es besser ist, auch die Fenster gleich ordentlich mitzuwaschen (nach der Regel von oben nach unten), statt sie extra vorher oder hinterher zu putzen.

Nach diesem ersten Alleinversuch steht dem Jungen erst einmal die nötige Anerkennung zu, indem die objektiv erreichten Ergebnisse (z. B. der Glanz des Lacks) vom Ausbilder gesehen und bestätigt werden. Dann kann der Junge von seinen guten und schlechten Erfahrungen bei der Arbeit berichten, evtl. gibt der Ausbilder Antwort auf offene Fragen oder stellt selbst Nachfragen zu Dingen, auf die er die Aufmerksamkeit lenken möchte (z. B. ob man mit weniger Reinigungsmittel auskommen könnte).

Das Beispiel zeigt, daß ein direktes Intervenieren nicht notwendig wird, wohl aber die begleitende Aufmerksamkeit, ein gelegentlicher Blick aus der Ferne oder mehr, um schlimmere Fehler zu verhindern (im Beispiel, etwa echte Lackschäden).

Diese bewußt einfache Arbeit wird anschließend durch beliebig anspruchsvollere Arbeiten fortgesetzt. Auch bei größeren Aufgaben gelten dieselben Lernregeln. Vor allem muß die Rückschau gepflegt werden, die dann nicht mehr nur eine Tätigkeit betrifft, sondern auch die jeweils höchste Lernebene einbezieht, z. B. die Bewältigung der seelischen Anspannung bei hoher Verantwortung und fehlender Beratung, wenn ein Arbeitsleiter bei zeitweiliger Abwesenheit mit vertreten werden muß. Hierzu gehören auch das Bewältigen unvorhergesehener

Situationen, das Umgehen mit sozialen Konflikten oder mit übergeordneten Organisationen, also alles Problem, die sonst von Arbeitsleitern abgefangen werden.

e) Das Lernen durch die Gemeinschaft

»Soziales Lernen«
Ein Kennzeichen der bisher behandelten Lernformen ist, daß der Lernende allein bzw. in einer Zweiersituation mit dem Ausbilder alle Fortschritte erreichen kann, um die es dabei geht. In der Arbeitswirklichkeit sind aber oft sehr viel mehr Personen am Arbeitsprozeß beteiligt. Die seither beschriebene soziale Situation (Dyade Ausbilder / Auszubildender) ist also noch nicht das Modell für die spätere Arbeitssituation. Für viele Arbeiten, die später in Zusammenarbeit zu bewältigen sind, muß das Zusammenwirken selbst gelernt und geübt werden. Kooperation und kommunikative Kompetenz sind also insofern funktionale Qualifikationsanforderungen. Darüber hinaus fördert das soziale Lernen zugleich auch die Persönlichkeitsentwicklung.

Lernen in der Gemeinschaft
Man könnte nun die bereits beschriebenen Lernformen einfach auf diese sozialen Anforderungen anwenden, also Kooperation durch Nachahmung üben, sie erklären, verstehen, entdecken usw. Methodisch würde dadurch nichts Neues in das Lernen hineinkommen. Mit dem »Lernen in der Gemeinschaft« ist hier aber noch etwas anderes gemeint. Es geht gerade darum, daß das Lernen in der Gemeinschaft eine andere Qualität bekommt als das Lernen allein oder in der Zweiersituation von Ausbilder und Auszubildendem. Auch die nicht auf soziale Lernziele gerichteten Lernschritte werden in einer Gemeinschaft anders gelernt als beim isolierten Lernen. Die Gemeinschaft kann bewirken, daß die Lernziele besser, dauerhafter, intensiver erreicht werden. Das wesentliche dieses Lernens ist der *Dialog*, die *wechselseitige Wahrnehmung* und das persönliche »In-Beziehung-treten« der gemeinsam Lernenden. Die einzelnen Menschen erleben sich in der Arbeits- und Lernerfahrung in einem gleichartigen, gemeinsamen und

aufeinander bezogenen Geschehen. Jeder Ausbildungsabschnitt wirkt nicht nur durch die Sachaufgabe, sondern zugleich und in untrennbarer Verbindung auch durch die soziale Situation im Ausbildungsbereich. *Daß* dies geschieht, ist keine Frage, sondern nur, *wie* es geschieht und wie vom Arbeitsleiter die Lernsituation diesbezüglich bewußt gestaltet werden kann.

Eine wirkliche Lerngemeinschaft entsteht erst, wenn die Lernenden untereinander in Beziehung treten, sich gegenseitig als gleichberechtigt anerkennen und beim Lernen unterstützen. Die Gleichberechtigung innerhalb der Lerngemeinschaft besteht darin, daß keiner Vorrechte hat, keiner durch Ausübung von Macht sich zum Lehrer der anderen aufschwingen kann. Die Beziehungen sind aber zugleich so, daß nicht rechtlich, aber inhaltlich sich ergänzende, ungleiche Rollen eingenommen werden können. Im Gegensatz zur völligen Gleichheit der Hörer eines Vortrags kann erst in der anschließenden Diskussion eine Lerngemeinschaft real werden, vorausgesetzt, die Gesprächsbeiträge sind vielfältig, aufeinander bezogen und — als weitere Voraussetzung — der Vortragende setzt seine Belehrungen nicht durch bloße frontale Beantwortung einzelner Fragen fort.

Bedingungen

Damit bei der Arbeit und der beruflichen Ausbildung das Lernen in der Gemeinschaft stattfinden kann, müssen unter anderem besonders folgende Bedingungen gegeben sein:
1. Mehrere gleichberechtigte Menschen arbeiten oder lernen an einer gemeinsamen Aufgabe oder doch zumindest an verwandten Aufgaben, die miteinander in Beziehung stehen oder sich ähneln.
2. Zwischen den gemeinsam Arbeitenden bzw. Lernenden sind zumindest zeitweilig Gespräche und persönliche Beziehungen möglich.
3. Die Aufgabe enthält Anreize, nicht isoliert zu arbeiten, sondern über die Arbeit oder die Aufgaben zu kommunizieren. Der Anreiz kann darin bestehen, daß der eine die Arbeitsergebnisse des anderen als Voraussetzung der eigenen Arbeit benötigt (vorgelagerte oder nachgelagerte Arbeiten) oder auch, daß

die Aufgaben sich ähneln und dadurch Hilfe sinnvoll wird. Die räumliche Anordnung der Arbeitsplätze muß auch Anreize dadurch bieten, daß man sich gegenseitig wahrnimmt und der eine sieht, wo er dem anderen helfen könnte.
4. Wenn von der Arbeit oder Lernaufgabe her das gegenseitige Helfen ermöglicht oder nahegelegt, aber nicht durch unmittelbare Kooperation gewissermaßen erzwungen wird, muß vom Arbeitsleiter eine zusätzliche Anregung gegeben werden, um das gemeinsame Arbeiten oder Lernen zu initiieren.

Lernteams zusammenstellen

Neben diesen Bedingungen gibt es auch subjektive Voraussetzungen in der Persönlichkeit jedes einzelnen, ob er bereit und in der Lage ist, sich auf die Gemeinschaft einzulassen und seinen Beitrag zum Lernprozeß der anderen zu leisten. Gestaltungsmöglichkeiten für die objektiven Bedingungen liegen in der Wahl der Arbeitsaufgaben, ihrer zeitlichen und räumlichen Strukturierungen (Arbeitsvorbereitung) sowie im Verhalten, in Gesprächsimpulsen, die der Arbeitsleiter für die Zusammenarbeit gibt. Auch zu den subjektiven Bedingungen kann der Arbeitsleiter beitragen, z. B. durch die stillschweigende Art der Zusammenstellung von Arbeitsgruppen oder Teams, indem er dabei auf die persönlichen Beziehungen Rücksicht nimmt.

Prozeß des Lernens in der Gemeinschaft

Die Wirkung des gemeinschaftlichen Lernens kommt auf zwei Wegen zustande:
— Der einzelne bleibt nicht in den Schwierigkeiten seiner Lernaufgabe stecken, sondern er kann Unterstützung finden, die sich auf die Motivation, das benötigte Wissen oder bestimmte Fertigkeiten bezieht, auch in der Wahrnehmung wichtiger Umstände und in der Bewertung des Ergebnisses seiner Arbeit. Bei Bedarf kann er die für ihn allein zu komplexe oder zu schwierige Aufgabe zeitweilig vereinfachen, indem er Teile davon an Mitglieder der Gemeinschaft abgibt.
— Auf der anderen Seite erweitert der einzelne seinen Gesichtskreis, indem er sich in die Arbeits- und Lernprobleme anderer Gruppenmitglieder hineindenkt, deren Aufgabe und Situation mit wahrnimmt. Durch helfendes Han-

— deln erweitert er seine Handlungsfähigkeit weit über die eigene Aufgabenstellung hinaus.

Außer diesen beiden naheliegenden Gesichtspunkten gibt es noch etwas Drittes, was aus der Lerngemeinschaft entstehen kann und über die Bewältigung der Aufgaben des einzelnen, über die Summe der individuellen Lernergebnisse hinausführt. Das sind die spezifischen Gemeinschaftsfähigkeiten, die Fähigkeiten, die ein »Handeln in der Gemeinschaft« ermöglichen. Das beginnt damit, daß das neue Mitglied in der Gemeinschaft seine Fähigkeit ausbildet, wahrzunehmen, was um es herum vorgeht und zugleich sich selbst so darzustellen, daß die anderen ein Bild davon gewinnen, welche Fähigkeiten es dort einbringen kann und will.

Bei allen gemeinschaftlichen Lernformen stellt sich erneut die Frage nach dem Verhältnis des Arbeitsleiters zu der Gruppe der Lernenden. Hier sind wieder mehrere Formen denkbar:

a. Der Arbeitsleiter nimmt eine vorbildhafte Führungsrolle innerhalb der Gemeinschaft ein, wobei seine Position deutlich anders ist als die der Lernenden. Man kann dies als die charismatische Form der Ausbildung bezeichnen.

b. Der Arbeitsleiter stellt sich außerhalb der Lerngruppe, läßt diese möglichst viel selbständig arbeiten, ähnlich wie dies bei dem entdeckenden Lernen für den einzelnen beschrieben wurde. Der Ausbilder hätte hier eine Art Supervisionsaufgabe.

c. Der Arbeitsleiter bemüht sich, keine Sonderrolle in der Gruppe zu spielen und versucht, sich selbst als Mitlernenden darzustellen. Das setzt voraus, daß auch die anderen Gruppenmitglieder spezifische und individuelle Kompetenzen einbringen und ein allgemeiner Austausch stattfindet, so daß der Unterschied der Positionen des Lehrens und Lernens durch vielfältige Wechsel zwischen den Beteiligten verschwindet. Weil hierbei alle Mitglieder ihren spezifischen Beitrag zum Lernen leisten, könnte man von einem Lernteam sprechen.

Mögliche Rollen des Arbeitsleiters

Man kann nicht ohne weiteres sagen, welche dieser Formen am besten für die Ziele der Persönlichkeitsentwicklung wäre, etwa für das Ziel, Ich-Aktivität im Arbeitshandeln zu fördern. Es könnte zwar den Anschein haben, daß die Gruppenautonomie in der Form des Lernteams am größten ist, während unter charismatischer Anleitung die Autonomie der Lernenden geringer wäre. Aber das ist abstrakt gedacht: In der Wirklichkeit kommt es darauf an, daß viel Aktivität, vor allem sinnvolle Aktivität in der Gruppe entsteht, daß die Gemeinschaft sich mit wirklichen Arbeitsaufgaben bewußt verbindet und zur Bearbeitung gesellschaftlicher Probleme, zur Deckung menschlichen Bedarfs oder zu konkreten Vorarbeiten kommt. Dieser Erfolg kann unter einem charismatischen Ausbildungsstil, also unter dem Einfluß einer vorbildhaften Persönlichkeit, durchaus besser gelingen als bei dem halbgelungenen Versuch, eine andere Gruppenstruktur zu etablieren. Unter Umständen ist eine Gemeinschaft von Lernenden in einem Arbeitsbereich sehr bald überfordert, wenn sie nicht nur die sachlichen Lernaufgaben bewältigen soll, sondern auch selber ihre eigenen Motive und Handlungsorientierungen entwickeln müßte. Der Lernprozeß kann hingegen sofort in Schwung kommen, wenn eine Aufgabe von außen oder vom Arbeitsleiter gestellt wird und er selbst erkennbar sinnvolle Aufgaben findet und aufgreift.

Gruppenbezogener Stil des Arbeitsleiters

Der Arbeitsleiter hat es durch sein Verhalten und seinen »Führungsstil« in der Hand, inwieweit der *Gruppenprozeß* in seiner Werkstatt sich entfalten kann bzw. als bewußtes Lernfeld miteinbezogen ist. C. R. ROGERS hat einen Fragenkatalog an das Arbeitsverhalten entwickelt, der diesen Aspekt trifft:

1. Vertraue ich auf die Fähigkeiten der Gruppe und des Individuums in der Gruppe, mit den Problemen, denen wir begegnen, fertig zu werden, oder vertraue ich im Grunde nur mir selbst?
2. Gebe ich der Gruppe die Freiheit zur kreativen Diskussion, indem ich bereit bin, *alle* Einstellungen zu verstehen, zu akzeptieren und zu respektieren, oder versuche ich, die Gruppendiskussion dahingehend zu manipulieren, daß sie

zu den von mir gewünschten Resultaten kommt?
3. Nehme ich, als Leiter, daran teil, indem ich meine eigenen Einstellungen ehrlich ausdrücke, aber ohne zu versuchen, die Einstellungen der anderen zu kontrollieren?
4. Verlasse ich mich auf grundlegende Einstellungen für die Motivation oder denke ich, daß oberflächliche Verfahren das Verhalten motivieren?
5. Bin ich bereit, für diejenigen Aspekte der Aktion die Verantwortung zu übernehmen, die die Gruppe mir zugewiesen hat?
6. Traue ich dem Individuum zu, daß es seine Aufgaben erfüllt?
7. Versuche ich, wenn Spannungen auftreten, die Möglichkeit zu schaffen, daß sie ans Tageslicht gebracht werden?

Der Arbeitsleiter muß also einen Blick dafür entwickeln, welche Lernform einerseits für die Betreuten, die sich gerade in seiner Werkstatt aufhalten, sinnvoll und zuträglich und andererseits den Sachaufgaben angemessen ist, die zur Zeit zu bewältigen sind. Er muß u. U. auch lernen, die Lernform zu wechseln oder immer wieder neue »Mischungen« anzusetzen. Wir halten es jedenfalls für notwendig, daß er sich selbst über die vielen Möglichkeiten, wie Lernen aussehen kann, was es bewirkt und welche Bedingungen jeweils nötig sind, Rechenschaft gibt und er immer wieder einmal praktisch übt, wie man diese unterschiedlichen Lernformen verwirklichen kann und was er als Arbeitsleiter jeweils dafür tun muß.

Zusammenfassung

o Wir können fünf verschiedene Lernformen unterscheiden, nämlich das Lernen durch Nachahmung, das übende Lernen, das Lernen durch Erklärung, das entdeckende Lernen und das Lernen in der Gemeinschaft.
o Jede dieser Lernformen hat besondere Anwendungsbedingungen, Grenzen, Gefahren und Wirkungen.
o Nicht nur sind diese Lernformen unterschiedlichen Lerninhalten zuzuordnen, sondern sie fördern und fordern selbst auch jeweils unterschiedliche persönliche Grundfähigkeiten.
o Vor allem aber führen diese Lernformen in unterschiedlichem Maße zur Selbständigkeit und Selbststeuerung des Lernprozesses durch den Lernenden.

Übungen:

○ Finden Sie aus Ihrem Werkstattbereich zu jeder Lernform zwei Beispiele angemessener Lernaufgaben.
○ Wählen Sie eine Lernaufgabe und überlegen Sie sich, wie Sie dafür die verschiedenen Lernformen einsetzen könnten.
○ Prüfen Sie, welche Lernform Sie selbst in der Praxis bevorzugen, welche Sie so gut wie nie einsetzen.
  — Muß das so bleiben?
○ Versuchen Sie, eine Vorgehensweise zu konzipieren, bei der
  — Lernaufgaben, die bei Ihnen bisher durch Nachahmung und Erklärung bewältigt wurden, durch entdeckendes Lernen bewältigt werden könnten;
  — das Lernen in der Gemeinschaft zum Tragen kommen könnte.

5. Eine zentrale Aufgabe des Arbeitsleiters: Gestaltung des Arbeitsarrangements

a) Das »Arbeitsarrangement«

Bisher haben wir vor allem zwei große Aufgabenfelder des Arbeitsleiters angesprochen, in denen er das Konzept der »Rehabilitation durch Arbeit« umsetzt:
- die Auswahl »lernwirksamer« Aufträge bzw. Tätigkeiten, und
- die Klärung, für welchen Betreuten welche Tätigkeit — seinem Lernfortschritt entsprechend — angemessen ist.

Wir wenden uns nun einem dritten, vielleicht dem entscheidenden Feld einer der Rehabilitation förderlichen Gestaltung der Arbeit zu, nämlich dem, was wir »Arbeitsarrangement« nennen.

Was ist das?

Das »Wie« der Arbeit

Wenn man z. B. ein Holzregal bauen möchte, dann kann man anhand unseres achtgliedrigen Schemas der Arbeitsstufen ziemlich genau und eindeutig beschreiben, in welchen Schritten dies zu geschehen hat, was also an *sachlich-inhaltlichen Teiltätigkeiten* anfällt: Man stellt die erforderlichen Abmessungen fest, plant das Ganze, trifft vielfältige Entscheidungen, z. B. welche Eckverbindungen zu wählen sind usw., fertigt eine Zeichnung, eine Materialliste u. ä. an, sägt die Bretter zu, hobelt sie, reißt die Zinken an, stemmt sie aus usw.

Die inhaltlichen Teiltätigkeiten sind also gegeben durch die Anforderungen der Sache und die Regeln fachmännischer Arbeit. Hier gelten durchaus technische Sachgesetze und es bleibt relativ wenig Gestaltungsspielraum. Dies alles betrifft aber nur das »*Was*« einer Arbeit.

Betrachtet man das »*Wie*«, also die Frage, auf welche Art und Weise diese Arbeitsschritte ausgeführt werden, entdeckt man, daß hier keineswegs dieselbe Sachgesetzlichkeit gilt, sondern man trifft auf z. T. erhebliche Entscheidungs- und Gestaltungsspielräume. Vom Sacherfordernis der Arbeit her ist es z. B.

nicht vorgegeben, ob man die Bretter von Hand zusägt oder mit einer Kreissäge, ob man sie von Hand hobelt oder durch die Hobelmaschine schiebt. In welchem Umfang also »*Technik*« eingesetzt wird, ist von der Sache her relativ offen. Noch weniger durch technisch-sachliche Vorgaben bestimmt ist die Frage, *wer was macht*, also die Frage der *Verteilung* der Arbeit auf die Personen, die an diesem Werkstück mitarbeiten. Von den fachlich-sachlichen Bedingungen der Anfertigung eines Holzregals her ist vollkommen gleichgültig, ob es nun von einer Person vom ersten Plan bis zur Lieferung und Auswertung gefertigt wird, oder ob z. B. einer den Plan ausarbeitet, den ein anderer ausführt, oder ob sogar jeweils einer das Zusägen, ein zweiter das Hobeln, ein dritter das Zinken usw. übernimmt. Es kommt — wenn jeder sich an die Planung hält — in jedem Fall das gleiche Sachergebnis zustande, aber *sozial* auf ganz verschiedene Weise und vor allem mit einer ganz unterschiedlichen Einbindung der arbeitenden Personen in die Arbeit.

Technik

Arbeitsverteilung

Schließlich ist noch ein weiterer, vom Technisch-Inhaltlichen nicht bestimmter Gestaltungsschritt möglich. Es kann nämlich z. B. so sein, daß zwei Personen zusammen das Holzregal herstellen und sich von Fall zu Fall darüber absprechen, wer was fertigt, oder es können Arbeitsverhältnisse zwischen ihnen bestehen, die den einen ganz klar und dauerhaft zum Planer, den anderen zum Ausführenden machen, oder den einen zum »Säger«, den anderen zum »Hobler«, den dritten vielleicht zum »Schleifer« usw. In diesen Fällen wäre die Arbeitsteilung eindeutig vorgeordnet und festgeschrieben. Es entstehen »Rollen« und Spezialisierungen mit klaren »Kompetenzen«, die auch von anderen wahrgenommen werden und u. a. genau regeln, wer wann in welchen Fällen wen zu fragen und wem Anweisungen zu geben hat usw. Wir sprechen hier vom »*Formalisierungsgrad*« der Arbeitsorganisation und meinen damit das Ausmaß der festen, vorgegebenen Regelung des persönlichen Arbeitsablaufs und der Zusammenarbeit, also die »Werkstattordnung«. Der Formalisierungsgrad reicht von völlig offenen, unbestimmten Situationen bis zu solchen, in denen womöglich in Form von dickleibigen Dienstvorschriften alles und jedes streng geregelt ist.

Formalisierung

Begriff des »Arbeitsarrangements«

Diese drei Elemente, nämlich
— Technologie,
— Arbeitsteilung und
— Formalisierungsgrad

liegen, wie wir sehen, nicht »sachnotwendig« mit der Arbeitsaufgabe fest, sondern können relativ unabhängig davon gestaltet werden — sie müssen dies aber auch, weil sonst kein Arbeitsprozeß zustandekommt. Es muß also entschieden werden, mit welchem Maschineneinsatz, wie arbeitsteilig und wie formalisiert die Arbeit durchgeführt wird, soll sie überhaupt zustande kommen. Diesen objektiv vorliegenden und unvermeidbaren Gestaltungsbereich wollen wir das »*Arbeitsarrangement*« nennen, als dessen Hauptelemente wir die erwähnten drei — Technologie, Arbeitsteilung und Formalisierungsgrad — betrachten.

Hindernisse für die Gestaltung des Arrangements

Viele Faktoren verhindern, daß die tatsächliche, von der Sache her offene Gestaltbarkeit der Arbeit wirklich immer in ihrem ganzen Ausmaß bewußt wird. Da spielen Traditionen eine große Rolle, etwa im Handwerk, wenn es um stärkere Arbeitsteilung geht, oder Statusinteressen, wenn z.B. die Trennung von Planung, Ausführung und Kontrolle in Frage gestellt wird, oder wirtschaftliche Zwänge, die vor allem den Zerlegungsgrad der Arbeit und den Maschineneinsatz betreffen. Diese Faktoren sind oft so wirksam, daß wir ein bestehendes Arbeitsarrangement für selbstverständlich und »sachnotwendig« halten, obwohl dies tatsächlich nicht der Fall ist und die Arbeit auch ganz anders arrangiert sein könnte. Es ist für jeden, der mit Einrichtung und Organisation von Arbeitsprozessen zu tun hat, eine außerordentlich heilsame Übung, sich einmal ernsthaft zu fragen, wo (und wenn ja, welche) sachliche Notwendigkeiten das Arbeitsarrangement beeinflussen, oder wo und wie die Arbeit von der Sache her genauso gut auch ganz anders zu gestalten wäre.

b) Arbeitsarrangement und Rehabilitationschancen der Arbeit

Für den Arbeitsleiter im Rehabilitationsbereich kommt der Frage nach dem Arbeitsarrangement in seiner Werkstatt eine besondere Bedeutung zu, denn es dürfte wohl unmittelbar einsichtig sein, daß es *für die arbeitenden Menschen* — also auch für die in der Werkstatt Betreuten — einen ganz gewaltigen Unterschied bedeutet, ob sie mit der Hand oder mit Maschinen arbeiten, ein Produkt von Anfang bis Ende herstellen oder nur wenige Handgriffe daran ausführen, ob ihnen ihre Arbeitsrolle klar und stets gleich vorgeschrieben ist oder ob sie selbst immer wieder zu neuen Absprachen finden müssen. Das aber heißt: Ob und inwieweit die lernrelevanten Anforderungen einer Arbeit, wie sie bisher untersucht wurden, für einen bestimmten Betreuten und dessen Rehabilitationsprozeß tatsächlich zum Tragen kommen, oder ob sie sich verändern und noch ganz andere Anforderungen hinzukommen, hängt ganz entscheidend von der Art und Weise des Arbeitsarrangements ab.

<small>Arrangement verändert Lernchancen</small>

Eine Arbeit, die *inhaltlich* und unabhängig von der Art ihres Arrangements betrachtet womöglich außerordentlich reichhaltige Lernchancen bietet — Entwurf und Bau eines Stuhls z. B. —, kann für den einzelnen Arbeitenden und dessen Entwicklung völlig unergiebig sein, wenn er tatsächlich arbeitsteilig etwa darauf festgelegt wird, ausschließlich die für den Stuhl benötigten Bretter abzulängen. Dann nützt ihm auch die Tatsache wenig, daß er in der Schreinerei arbeitet — unter dem Gesichtspunkt des Beitrags zur Rehabilitation könnte er fast genauso gut in irgendeiner Fabrik Rohre oder Eisenstangen absägen. Das macht deutlich, daß z. B. die Arbeitsteilung als Element des Arbeitsarrangements die potentiell gegebenen Lernchancen einer Arbeit vollkommen verändern, ja ins Gegenteil verkehren kann. Grundsätzlich genügt es zur Nutzung der Lernchancen einer Arbeit nicht, nur auf die inhaltlichen Anforderungen zu sehen, sondern das Arbeitsarrangement muß gezielt miteinbezogen werden. Dieses filtert, gliedert, gewichtet die »objektiv« mit einem Arbeitsinhalt verbundenen Lernmöglichkeiten, schränkt sie ein oder verstärkt sie, fügt oft neue — auch inhaltli-

<small>Beispiel Arbeitsteilung</small>

che — Anforderungen dazu.

Arbeitsarrangement Ansatz für bewußte Lerngestaltung

Das aber heißt: Mit Hilfe des bewußten Arrangements lassen sich die Art und das Ausmaß gestalten, wie inhaltlich gegebene Anforderungen einer Arbeit den Arbeitenden tatsächlich treffen. Es ist überaus wichtig, daß der Arbeitsleiter im Arbeitsarrangement eine wichtige *pädagogische Gestaltungsmöglichkeit* erkennt, mit der er die objektiv-sachlich gegebenen Rehabilitationschancen eines Arbeitsauftrags (die er vorher selbstverständlich durchschauen muß, s. o. I. Teil) *gezielt einsetzen, dosieren, präzisieren und steuern kann*!

Das Arbeitsarrangement ist der methodische Hebel, mit dem die Lernchancen gezielt gestaltet werden können. Wie ein Lehrer in der Schule die Aufsatzthemen so wählt, daß sie dem entsprechen, was er als nötige Lernschritte einer Klasse erkannt hat, so kann der Arbeitsleiter, wenn er den Lernschwerpunkt auf die Entwicklung von Geduld legt, eine kleine Serie von Hand bearbeiten lassen, während er dann, wenn es ihm für einen Betreuten mehr um Vor-Denken und Konzentration geht, bewußt Maschinen einsetzt. Kommt es ihm für einen Betreuten ganz besonders auf die Förderung exakter, ruhiger Wahrnehmung an, dann wird er ihn in der Schneiderei nicht immer wieder ganze Kleider nähen lassen, sondern ihn eine Zeitlang in der Endabnahme mit der Fehlerkontrolle beschäftigen. So kann er mit dem doch immer recht umfangreichen Komplex an Lernmöglichkeiten eines Arbeitsauftrags außerordentlich gezielt und pädagogisch-absichtsvoll umgehen. Entwickelt der Arbeitsleiter dafür einen Blick, wird er in dem Arbeitsarrangement ein vielfältiges, flexibles Instrument seiner Rehabilitationsbemühungen entdecken, mit dem er bisher vielleicht unbewußt schon oft umgegangen ist, das er aber durchaus auch *bewußt und aktiv einsetzen* kann.

Aktiver, gezielter Einsatz des Arrangements

Wir wollen kurz auf einige Rückwirkungen der drei Elemente des Arrangements auf die lernrelevanten Anforderungen der Arbeit eingehen. Dabei möchten wir keine Rezepte geben, sondern die Aufmerksamkeit für die Gestaltungsmöglichkeiten durch das Arbeitsarrangement schärfen.

Technologie:

In der Praxis der Reha-Werkstatt wird sich diese Seite des Arbeitsarrangements auf die Frage konzentrieren, ob eine Arbeit von Hand oder mit der Maschine getan wird, vielleicht noch, welche Maschinen dafür eingesetzt werden. Dafür sind mehrere Gesichtspunkte wichtig (z. B. Kosten, Rentabilität usw.); es sollten in der Übergangseinrichtung aber auf jeden Fall auch die Veränderungen der Lernchancen dieser Arbeit durch die Veränderung des »Arrangements« geprüft und in die Entscheidung miteinbezogen werden. Wir haben oben (Kapitel II. 1) schon einige allgemeine Gesichtspunkte zu dieser Frage erörtert (z. B. den, daß es oft schwierig sein dürfte, die Betreuten zur Handarbeit zu bringen, wenn gleich daneben eine funktionierende Maschine für dieselbe Arbeit steht). Hier geht es nur darum, daß der Arbeitsleiter ein Gefühl dafür bekommt, was sich im Prinzip durch Maschineneinsatz am Gesamtgefüge der personbezogenen Anforderungen und Lernchancen einer Arbeit ändert.

Selbstverständlich ändern sich vor allem die Anforderungen der Durchführungsphase, wenn Maschinen eingesetzt werden. Besonders nimmt die Bedeutung des Arbeitsmaterials für die Gestaltung der Anforderungen ab, weil der Arbeitende nun selbst kaum mehr direkten Kontakt zum Werkstück hat. Statt dessen tritt die Maschinenbedienung in den Vordergrund, durch die auch während der Durchführungsphase die kognitiven Anforderungen zunehmen (Einstellen der Maschine, Einspannen des Werkstücks, Überwachungsleistungen). Physische ebenso wie Anforderungen an Ausdauer und Materialgefühl usw. nehmen ab.

Was verändert sich an den Lernchancen durch Maschineneinsatz?

Kann man durch Maschineneinsatz die Anforderungen in der Phase der Durchführung modifizieren, so werden auch die beiden Nachbarphasen — Entschluß und Prüfen — tangiert. Im Hinblick auf den Entschluß zur Arbeit kann der Maschineneinsatz einerseits die zu überwindende Schwelle senken, da er die körperliche Mühe reduziert, schnellere Erfolge verspricht und außerdem eine gewisse Faszination für viele Menschen hat. Andererseits richtet er aber auch neue Schwellen auf: Maschinenarbeit ist oft lauter als Handarbeit, vor allem aber gefährlicher; sie fordert größere Wachheit und schnellere Reaktionen.

Auch die notwendigen Wahrnehmungsleistungen beim Prüfen ändern sich. Sie nehmen zu während der Maschineneinstellung und betreffen weitgehend das Auge. Diejenigen während des Bearbeitungsvorgangs hängen stark von der Art der Maschine ab. Generell werden wohl solche Wahrnehmungsleistungen abnehmen, die die Handführung betreffen, also die direkte Steuerung. Jedoch wird z. B. das Gehör als Mittel zur Überwachung des Maschinenlaufs wichtiger. Neu tritt das Verfahren der Stichprobenkontrolle auf.

Arbeitsteilung:

»Horizontale« Arbeitsteilung

Das achtgliedrige Schema bietet die Möglichkeit, zwei Formen der Arbeitsteilung zu unterscheiden: Die eine — wir nennen sie »*horizontal*« — tritt auf, wenn die Arbeit *innerhalb* einer Phase auf verschiedene Personen verteilt ist bzw. von ihnen gemeinsam bewältigt werden muß. Inhaltlich tun hier alle das Gleiche, aber die Arbeitsmengen werden aufgeteilt, z. B. wenn nicht einer ein ganzes Rübenfeld hackt, sondern mehrere nebeneinander. Diese Art der Aufteilung tritt wiederum besonders in der Durchführungsphase auf, aber auch bei Planung und Bewertung ist sie möglich, also bei allen mehr »prozeßhaften« Phasen, während die »Übergangsphasen« stärker auf die individuelle Leistung ausgerichtet sind (die in verschiedenen Beziehungen zu anderen Mitarbeitern stehen kann).

Diese horizontale Arbeitsteilung bedeutet in der Regel, daß eine größere Arbeitsmenge in gleicher Zeit bewältigt werden kann und der einzelne von der Alleinverantwortung ein Stück weit entlastet ist. Dafür treten aber neuartige *soziale Anforderungen* auf. Man muß sich über die Teilung der Arbeit, über ihren

Zusammenhang verständigen. Das Gesamtergebnis ist nicht mehr eindeutig für den einen oder anderen reklamierbar; verschiedene Formen der Abhängigkeit und damit der Orientierung am anderen treten auf usw.

Wie diese Sozialkompetenzen im einzelnen ausgestaltet sein müssen, hängt von der Form der Arbeitsteilung bzw. von der *Kooperationsstruktur* ab. Verschiedene Kooperationsformen sind möglich: Kooperationsformen

○ Parallelarbeit: Jeder arbeitet dasselbe, aber ohne direkten Bezug zum anderen. Beispiel: Hacken eines Rübenackers, jeder hat »seine« Reihen. Hier ist eine direkte Leistungszuordnung erkennbar.   Parallelarbeit

○ Teamarbeit: Jeder arbeitet etwas Eigenes, von den anderen Verschiedenes, aber alle Teile müssen später zusammenpassen. Dabei muß man sich am anderen oder an einem übergreifenden Plan orientieren; am Ende ist jedermanns Arbeit von allen anderen kontrollierbar und beurteilbar. Beispiel Möbelbau: Einer fertigt den Korpus, ein anderer die Schubladen.   Teamarbeit

○ Stufenarbeit: Ein Werkstück wird stufenweise in einer Reihe nacheinander von verschiedenen Personen bearbeitet; jeder arbeitet hier etwas anderes, aber er baut auf der Arbeit des Vorgängers auf und stellt Weichen für seinen Nachfolger. Hier sind soziale Abhängigkeit und direkte Kontrolle erlebbar. Beispiel: Alle Formen der Fließarbeit; Elektromontage.   Stufenarbeit

○ Hand-in-Hand-Arbeit: Mehrere Arbeitende haben zusammen eine gemeinsame Arbeit, sie tun dasselbe, aber aufeinander bezogen und sich direkt ergänzend. Beispiel: Gemeinsames Sägen mit einer großen Bügelsäge, zu zweit schmieden. Die Anforderungen der direkten Orientierung am anderen, der Abstimmung und Absprache, des Eingehens auf den anderen usw. sind hier besonders groß.   Hand-in-Hand-Arbeit

Es wird deutlich, daß diese Kooperationsformen mit je ganz eigenen Anforderungen und sozialen Lernprozessen verbunden sind, die wiederum verschiedene Beiträge zur Rehabilitation leisten können. Welche Kooperationsform möglich ist und gewählt wird, hängt ab von der Art der Arbeitsteilung, die der Arbeitsleiter arrangiert.

»Vertikale« Arbeitsteilung

Ganz andere Probleme stellen sich mit der zweiten Form der Arbeitsteilung, die wir »*vertikal*« nennen wollen. Sie ist gegeben, wenn die einzelnen *Phasen* des Arbeitszyklus auf verschiedene Personen verteilt sind, wenn also die Schritte der Arbeitsteilung zwischen den Phasen verlaufen. Dann tritt der Fall ein, daß einer plant, was andere ausführen müssen, oder daß Prüf- und Beurteilungsarbeiten nicht mehr in der Hand desjenigen liegen, der die zu beurteilende Arbeit verrichtet hat, usw.

Damit kommen *hierarchische*, asymetrische *Abhängigkeitsbeziehungen* ins Spiel. Diese Form der Arbeitsteilung schließt immer eine Anweisungs- und Kontrollordnung mit ein. Sie ermöglicht es einerseits, daß Menschen überhaupt an Arbeiten mitwirken können, zu deren vollständiger Bewältigung ihnen eine Reihe von Fachkompetenzen fehlen, andererseits verringert sie die Chance zu selbständiger Entscheidung und nimmt die Last der Verantwortung, aber auch oft die Möglichkeit, zu lernen. In jedem Fall treten im gesamten Zyklus des Arbeitsablaufs neue Probleme und damit neue Anforderungen auf: Andere zu führen, anzuweisen und zu motivieren wird jetzt überhaupt erst möglich und nötig, ebenso wie die komplementäre Fähigkeit, Anweisungen anderer folgen zu können und zu wollen, sich »einzuordnen«. Während bei den einen die Frage nach der Leitung anderer hinzutritt, nimmt bei den anderen die Anforderung der Selbststeuerung ab. Im gesamten System tritt nun das Problem der Entscheidungsdurchsetzung sowie der Rückmeldung über vollzogene Anweisungen auf.

Beide Arbeitsteilungsformen bedeuten, daß die in einem Arbeitszusammenhang Arbeitenden, nicht mehr alles tun und können müssen. Durch »Elementarisierung« der Arbeit des Einzelnen kann man auch Überforderungen vermeiden, Belastungen verhindern, denen vielleicht jemand z. Zt. noch nicht gewachsen ist, usw. — aber man kann auch Lernchancen verspielen. Dies bedeutet, daß man dieses Element der Arbeitsteilung in der Rehabilitationseinrichtung sehr überlegt einsetzen und handhaben sollte.

Formalisierungsgrad:

Jeder Arbeitszyklus enthält eine Reihe von Stationen, an denen *eigene Entscheidungen* getroffen werden müssen bzw. an denen subjektive Bewertungsleistungen ebenso wie individuelle Bereitschaften nötig sind, wo also der Arbeitsverlauf stark von subjektiven Fähigkeiten abhängt. Das sind zugleich die Stellen besonders hoher Anforderungen an Selbständigkeit und Ich-Tätigkeit. Diese Anforderungen werden gesteigert, sobald sie im Rahmen von Kooperationsbeziehungen auftreten, da dann noch die Abstimmung und Vereinbarung mit anderen Arbeitenden an diesen subjektiven Einflußpunkten nötig sind. Das klassische Mittel bürokratischer Organisation, diese Anforderungen — und damit das Risiko für die Organisation — zu minimieren, ist die Formalisierung. Überall dort, wo von der Sache her subjektive Einflüsse möglich oder nötig sind und sich eventuell auch störend bemerkbar machen könnten, werden starre Regeln und Ordnungen erlassen, wie das Problem zu lösen sei. Der einzelne muß dann nicht mehr selbst das Richtige finden, sich selbständig mit anderen absprechen oder selbst eine Situation gestalten, sondern er muß einfach in den Anweisungen, den formellen Regeln nachschauen, was er tun soll.

Selbständigkeit und Formalisierung

Dazu gehören klare Rollendefinitionen, fixierte Kompetenzstrukturen und Entscheidungswege, exakt abgegrenzte »Zuständigkeiten«, vorgegebene Nahtstellen der Arbeitsteilung, detailliert ausgearbeitete Verfahrensregeln und -pläne, aber auch professionelle Regeln und Ausführungsnormen, schließlich motivationale »Entlastungen« (Belohnung und Bestrafung statt innerer Motivation).

In modernen Arbeitsorganisationen wird Formalisierung hauptsächlich dazu eingesetzt, den Arbeitsprozeß von menschlichen Unzulänglichkeiten möglichst unabhängig zu machen, ihn also in gewisser Weise zu »entsubjektivieren«. Dar-

Formalisierung und Persönlichkeitsentwicklung

in liegen zweifellos erhebliche Gefahren für die Chancen der Persönlichkeitsentwicklung, weil der einzelne sich immer weniger als verantwortliches Subjekt der Arbeit erfahren und bewähren kann. Aber in der Übergangseinrichtung könnte das Element der Formalisierung, bewußt gehandhabt, ein wichtiges Mittel darstellen, in Überforderungssituationen gezielt zu entlasten.

Dosierung von Lernanforderungen

Für alle drei Elemente des Arbeitsarrangements gilt, daß man eine Arbeit unter diesen Gesichtspunkten gestalten kann, und jeder, der eine Werkstatt einrichtet oder betreibt, sich konkret fragt, *welchen* Technikeinsatz er plant, *wie* er die Arbeit teilen will, *welche* Verhaltenserwartungen er in welcher Stärke festlegen will usw. In der Regel geschieht dies in Industriebetrieben nach wirtschaftlichen bzw. Produktionsgesichtspunkten. Für die Rehabilitationswerkstatt ist das Arbeitsarrangement demgegenüber vor allem ein Instrument zur *Dosierung und Selektion* der Lernanforderungen. Durch Arbeitsteilung und Maschinenbenutzung kann man einen Betreuten genau jenen Tätigkeiten und Anforderungen eines komplexen Arbeitsprozesses aussetzen, die jetzt gerade in seinem Rehabilitationsgang sinnvoll und wichtig sind; man kann ihn vor solchen bewahren, an denen er zunächst noch scheitern würde oder die für ihn vorerst ein unüberwindliches persönliches Hindernis darstellen.

»Gezieltes Lernen«

Vor allem ist es durch Technik und Arbeitsteilung möglich, auch im Rahmen ernsthafter produktiver Arbeit eine *überschaubare Reihenfolge von Lernschritten* zu konzipieren. Das wird erreicht, indem man z. B. den neuen Betreuten zunächst der Reihe nach mit Arbeitsausschnitten betraut, an denen Grundtechniken der Bearbeitung erübt werden können. Dann stellt man ihn möglicherweise einige Zeit an einen Platz, an dem er Werkstücke vermessen und kontrollieren muß. Als nächstes könnte man daran denken, beide Plätze so zu verbinden, daß der Betreute das, was er selbst hergestellt hat, auch kontrollieren muß, usw. Hier wird deutlich, wie die Elemente des Arbeitsarrangements komplexe Lernwege zu komponieren gestatten, die vollkommen individuell und nur bezogen auf die persönlichen Bedingungen und Möglichkeiten eines Betreuten gestaltet

Ordnung des Lernens

Gestaltung von Lernwegen

werden können.

c) Arbeitsarrangement und Entscheidung

Das Arrangement der Arbeit kann noch in einer weiteren, außerordentlich bedeutsamen Hinsicht ein Mittel zur bewußten Gestaltung und Lenkung des Rehabilitationsverlaufs durch den Arbeitsleiter werden. Die drei beschriebenen Elemente des Arrangements — Technologie, Arbeitsteilung und Formalisierungsgrad — ändern nicht nur das Anforderungsspektrum der acht Arbeitsphasen, sondern, für die Praxis der Rehabilitation noch wichtiger, sie verändern zugleich das *Ausmaß der Selbständigkeit und Selbstverantwortlichkeit*, das eine Arbeit vom Arbeitenden fordert. Damit aber steht das Arrangement in unmittelbarer Beziehung zu der Kernforderung bzw. der Hauptaufgabe der Rehabilitation.

Arrangement und Selbständigkeit

Betrachten wir diesen Zusammenhang etwas näher. Bei dem Technikeinsatz haben wir mehrmals darauf hingewiesen, daß die Maschine den Arbeitenden davon »entlastet«, bestimmte manuelle Leistungen aus eigener Kraft zu erbringen und dabei grobe Fehler zu machen. Auf der anderen Seite entzieht die Maschine den unmittelbaren Bearbeitungsvorgang jeder Möglichkeit der Beeinflussung durch den Arbeiter. Das wird u. a. daran sichtbar, daß in Serie von Maschinen gefertigte Werkstücke genau gleich sind, also eines wie das andere aussieht, während man bei der Handarbeit das »Individuelle« eines jeden Stückes schätzen kann, wenn es eben gerade noch nicht »falsch« ist. Darin drückt sich aus, daß bei der manuellen Bearbeitung eine größere Unbestimmtheit des Arbeitsablaufs besteht, ständig kleinere und größere Entscheidungen getroffen werden müssen und viel mehr von den persönlichen Impulsen und Eingriffen des Arbeitenden abhängt.

»Unpersönliche« Maschinenarbeit

Bei der Arbeitsteilung wird dieser Zusammenhang noch deutlicher. Wenn jemand die Aufgabe erhält, »ein Holzregal« zu fertigen, dann muß er sich höchstens mit dem Kunden über dessen Vorstellungen abstimmen, ist aber darüber hinaus in allen Fertigungsfragen frei und nur seinen eigenen Intentionen verpflichtet. Das bedeutet aber umgekehrt, daß er aus eigenen Stücken eine Vielfalt von Fragen beantworten, von Entscheidungen treffen und verantworten muß. Teilt man diese Arbeit auf verschiedene Arbeitende auf, so daß relativ kleine Teilabschnitte bearbeitet werden müssen (etwa: Anreißen, Zuschneiden, Aushobeln usw.), dann entfallen auf den einzelnen überschaubare Aufgaben, bei denen notwendigerweise genau vorgegeben ist, was er, oft auch, wann er dies tun muß und wie das Ergebnis auszusehen hat, weil die anderen sonst nicht weiterarbeiten können. Mit der Arbeitsteilung ist zugleich ein Abbau von Entscheidungsspielräumen, eine stärkere Festlegung und damit eine »Entlastung« des einzelnen von der Bewältigung und Organisation vielschichtiger und offener Situationen verbunden. Je differenzierter die Arbeitsteilung, desto weniger Freiheiten bleiben dem einzelnen, je weniger er selbständig klären und entscheiden muß, desto mehr wird er zum Vollstrecker klar vorgegebener, eindeutiger Aufgaben. Im Extrem der Fließbandarbeit, wo u. a. auch der Materialfluß und die Arbeitsgeschwindigkeit vorgegeben und die Arbeitsbewegungen bis ins Detail vorgeschrieben und eintrainiert werden, geht die geforderte Selbständigkeit ganz verloren: Eigene Impulse, Entscheidungen oder Steuerungen werden nicht mehr gefordert.

Arbeitsteilung kann Entscheidungsspielräume einschränken

Entsprechendes gilt von der Formalisierung. Existieren z. B. keine Vorschriften über Arbeitszeiten oder Kooperationsbeziehungen, muß der Arbeitende diese aus eigener Kraft und Verantwortung festlegen, für sich entscheiden oder mit anderen vereinbaren. Dabei muß er sich selbst ein Stück weit überwinden, sich in mühsame Klärungsprozesse einlassen und die ständige Unsicherheit verarbeiten, ob seine Entscheidungen nun richtig, ausreichend und tragfähig sind. Vor allem im Bereich der Zusammenarbeit muß er gemeinsam mit anderen dort, wo formelle Regelungen fehlen, erst einmal solche Ordnungen schaffen und also »sozial schöpferisch« tätig sein. Das konfrontiert ihn mit beträchtlichen Anfor-

Formalisierung beruht auf der Autorität der Regel

derungen an seine soziale Kompetenz; kommt es doch darauf an, jene schwierige Balance zu finden zwischen eigenen Interessen und der Achtung vor denen der anderen, ohne daß eine der beiden Seiten unterdrückt wird. Für diese offenen sozialen Klärungsprozesse gibt es keine festen Regeln und Rezepte, hier muß jede Situation wieder neu gestaltet werden. Formalisierung »entlastet« wiederum von all diesen Mühen der Freiheit — um den Preis eigener Gestaltungsmöglichkeiten.

Soziale Balance

Man kann also sagen: Je stärker der Maschineneinsatz, je differenzierter die Arbeitsteilung und je höher der Formalisierungsgrad der Arbeit, desto eindeutiger und bestimmter, festgelegter, einförmiger und weniger individuell beeinflußbar wird die Arbeit. Je schwächer jene drei Merkmale ausgeprägt sind, desto stärker ergibt sich eine Arbeitssituation, in der der Arbeitende eine Vielzahl unterschiedlichster Tätigkeiten bewältigen und oft wechseln muß, die er auch selbst zu organisieren, einzuteilen, aufeinander abzustimmen, mit anderen zu koordinieren hat. Dabei gibt es sehr große Unbestimmtheiten, die der Arbeitende aus eigener Kompetenz klären, festlegen, entscheiden muß, denen gegenüber seine gestalterische, selbstbestimmende Kraft gefragt ist.

Zusammenfassung: Ordnung oder Selbständigkeit!

Man spricht in der Arbeitswissenschaft in diesem Zusammenhang von einem mehr oder weniger großen *Handlungsspielraum*, den der Arbeitende ausfüllen muß. Dieser Begriff bezeichnet die Freiheitsgrade, die eine Arbeit, genauer gesagt: ein Arbeitsarrangement zulassen und die vom Arbeitenden bewältigt werden müssen. Damit kennzeichnet er den Grad an *Selbständigkeit* und selbstbewußter *Ich-Leistung*, der vom Arbeitenden aufgebracht werden muß — und damit zielt er genau ins Zentrum dessen, was wir eingangs als das oberste Ziel der Rehabilitation bezeichnet haben, nämlich die möglichst weitgehende Wiederherstellung der Fähigkeit zu selbständigem und selbstbewußtem Handeln. Die Gestaltung des Arbeitsarrangements bietet dem Arbeitsleiter die Möglichkeit, *die Anforderungen der Arbeit an freies, ich-haftes Handeln festzulegen und auch zu dosieren!*

Begriff Handlungsspielraum

Reha-Ziel

Schrittweise Steigerung der Selbständigkeit

Das bedeutet, daß der Arbeitsleiter durch die Gestaltung des Arbeitsarrangements auf die Unselbständigkeit und Stützungsbedürftigkeit eines Betreuten etwa in der Anfangsphase eingehen kann, indem er diesen nicht durch zu gering ausgebildete Arbeitsteilung oder fehlende Formalisierung überfordert, sondern klare Vorgaben trifft. Andererseits kann er durch schrittweise Aufhebung der Arbeitsteilung und / oder der Formalisierung der sozialen Verhältnisse die *Anforderungen an Selbständigkeit* stufenweise steigern.

Es hat sich bewährt, die Anforderungen an Selbständigkeit oder, wie es oben genannt wurde, den »Handlungsspielraum« unter drei Aspekten zu betrachten:

Aspekte des Handlungsspielraums

1. Als »Tätigkeitsspielraum«: Wie vielfältig und komplex ist das, was gearbeitet werden muß?
2. Als »Entscheidungs- und Kontrollspielraum«: Welche Möglichkeiten zu eigener Entscheidung und Kontrolle gibt es und wie weit reichen sie?
3. Als »Interaktionsspielraum«: Welche Möglichkeiten der Zusammenarbeit und Kontaktaufnahme bestehen und wie weit müssen sie selbst gestaltet werden?

Merkmale des Arbeitsarrangements, die den Handlungsspielraum erweitern

Verschiedene Untersuchungen haben gezeigt, von welchen Merkmalen der Arbeit Enge oder Weite der Handlungsspielräume — also der Grad geforderter Selbständigkeit — abhängen. Diese Bestimmungsfaktoren des Handlungsspielraums können für den Arbeitsleiter wiederum praktische Bedeutung haben, indem sie ihn darauf aufmerksam machen, wo und wie er in das Arrangement der Arbeit so eingreifen kann, daß er Selbständigkeit fördert oder zu hohe Selbständigkeitsanforderungen vermeidet. Wir geben die wichtigsten Bestimmungsfaktoren wieder:

Der *Tätigkeitsspielraum* wächst,
— je häufiger Bearbeitungsgegenstände und Verfahren während einer Arbeit gewechselt werden,
— je länger die Arbeitszyklen dauern,

— je größer die Anteile von antizipativem (vorwegnehmendem) Handeln werden,
— je weniger Möglichkeiten zur psychischen Automatisierung gegeben sind,
— je mehr unvorhergesehene Ereignisse auftreten,
— je mehr von den acht Arbeitsphasen einbezogen sind.

Der *Entscheidungs- und Kontrollspielraum* wächst,
— je komplexer die zu verarbeitenden Informationen sind,
— je mehr offene Beurteilungsleistungen verlangt werden,
— je mehr Tempo und Abfolge der Arbeit vom Arbeitenden selbst bestimmt werden müssen,
— je mehr er selbst über Wege, Ziele und Mittel der Arbeit entscheiden kann,
— je mehr er selbst seine Arbeit planen muß,
— je mehr Risiken und Unsicherheiten die Arbeit birgt,
— je komplexer die gedanklichen Anforderungen sind.

Der *Interaktionsspielraum* wächst
— mit der Häufigkeit der nötigen Kooperationen,
— mit dem Ausmaß kooperativer Tätigkeit,
— mit der Notwendigkeit sozialer Kontakte,
— mit der Notwendigkeit / Möglichkeit zu mittelbarer / unmittelbarer Kommunikation,
— mit der Möglichkeit, Interaktion selbst einzuleiten,
— mit der Gestaltbarkeit der sozialen Beziehungen,
— mit dem Abbau starrer Rollen,
— mit der Vielfalt von Rollensystemen, die einbezogen sind (Gegenrollen).

Durch die Gestaltung von Technikeinsatz, Arbeitsteilung und Formalisierung werden diese Variablen verändert. Der Arbeitsleiter sollte daher bei jeder Entscheidung über das Arrangement zu bedenken und zu beobachten versuchen, welche Auswirkungen sie auf die Variablen des Handlungsspielraums hat. Durchschaut er den Zusammenhang und kann ihn bewußt handhaben, dann

Selbständigkeit gezielt fördern

kann er das Ausmaß erforderlicher Selbständigkeit und Ich-Leistung, das mit einer Arbeitsaufgabe auf den Betreuten zukommt, *gezielt steuern und schrittweise steigern.*

Große Handlungsspielräume sind nicht einfach grundsätzlich »gut«. Sie können den Betreuten ganz erheblich überfordern, wenn sie zu früh geöffnet werden. Jemand, der sich nicht aus dem Bett bringt am Morgen, wird dies auch durch breiteste Handlungsspielräume nicht lernen und angesichts der Verantwortung, der er nicht gerecht wird, vielleicht sogar immer tiefer in seine Lähmung hineinrutschen. Sein Problem wird er eventuell eher in den Griff bekommen, wenn er nur wenige Freiheitsgrade bewältigen muß, statt dessen Hilfe durch eine ziemlich eiserne Disziplin erhält, bis er sich so weit beherrscht, daß er diese äußere Brücke nicht mehr benötigt. Es kommt also darauf an, mit relativ engen Handlungsspielräumen anzufangen und unter genauer Beobachtung des Verhaltens sie allmählich so zu weiten, daß die wachsenden Ich-Forderungen schrittweise neu erarbeitet werden können.

Schrittweise Steigerung

d) Beispiele für die Dosierung der Selbständigkeit durch das Arbeitsarrangement

○ Beispiel 1: Einteilung und Gestaltung der Arbeitszeit

Das Zeitbewußtsein und der bewußte Umgang mit der Zeit sind wichtige Themen der Rehabilitation, weil beides zusätzlich zum Krankheitsgeschehen durch das oft sehr streng geregelte Leben in der Klinik, aber auch durch die Nachwirkungen der Medikamente bei vielen Betreuten stark beeinträchtigt ist. Außerdem ist die Fähigkeit, seine Zeit gut einteilen zu können, zweifellos ein Ausdruck von Selbständigkeit und Souveränität, geboren aus Übersicht, ausgewogenem Urteil und der Kraft, sich auf Situationen bewußt einzulassen, aber sich ebenso aus eigenem Entschluß wieder von ihnen zu lösen. Unter dem Gesichtspunkt des Handlungsspielraums ist die Zeiteinteilung eine Frage des Entscheidungs- und Kontrollspielraums. Durch die *Formalisierung* hat man eine sehr gute Möglichkeit, die Betreuten schrittweise zu mehr Selbständigkeit im Umgang mit der Zeit hinzuführen:

— Geringsten Handlungsspielraum bietet eine Arbeit mit einer sachlich vorgegebenen, *unveränderlichen zeitlichen Gliederung*, an der der Arbeitende nichts ändern, in die er sich nur einordnen kann. Das können Tätigkeiten sein, auf denen ein Schritt notwendig auf dem anderen aufbaut (wo also die Reihenfolge fixiert ist) und die entweder einem in der Sache selbst liegenden Tempo folgen (z. B. Wachstumsprozesse im Garten, Garzeiten beim Brotbacken) oder durch einen festliegenden Maschinentakt vorgegeben sind. Hier gibt es in bezug auf die Zeiteinteilung nichts zu entscheiden, hier muß der einzelne sich einem starren zeitlichen Verlaufsschema anpassen, von dem er andererseits aber getragen und geführt wird.

— Einen etwas größeren Gestaltungsspielraum hat man bezüglich der Arbeitszeit dort, wo sich die *zeitliche Gliederung der Arbeit aus der direkten Zusammenarbeit* ergibt, etwa wenn eine Gruppe in Linie nacheinander eine Montagearbeit durchführt. Dann wird die Zeiteinteilung durch die Zyklusdauer des jeweiligen Montageganges und die Arbeitsgeschwindigkeit durch das Tempo des Vordermannes bestimmt, aber der einzelne Arbeitende hat in Grenzen die Möglichkeit, seinen Arbeitsschritt zu verlangsamen oder zu beschleunigen. Hier hat er eine elementare Möglichkeit, sein Arbeitstempo ganz anfänglich selbst zu kontrollieren.

— Die nächste Stufe ist dann erreicht, wenn Zeiteinteilung und Arbeitstempo weder sachlich noch durch die Kooperation unmittelbar festgelegt sind, sondern nur durch soziale Erwartungen, also Pausenregelungen oder fest vereinbarte Liefertermine bzw. zeitlich fixierte Bedürfnisse. In der Küchenarbeit z. B. ist man hinsichtlich der Zeiteinteilung usw. ganz frei, wenn man nur zum vorher festgesetzten Zeitpunkt alles fertig hat. Hier ist lediglich ein

Dosierung der Selbstverfügbarkeit über die Zeit

Zeitrahmen vorgegeben, der als Orientierung dient, aber durch vielfältige individuelle Entscheidungen und Überlegungen zu füllen ist. Dieser Zeitrahmen kann wiederum unterschiedlich weit sein: von stündlichen Solleistungen bis zu Lieferterminen von Wochen und Monaten.

— Noch unbestimmter und selbstgestaltungsbedürftiger sind Arbeitssituationen, in denen keine klaren Zeitzielpunkte vorgegeben sind, sondern nur recht *allgemeine zeitliche Anforderungen* bestehen: etwa ganz allgemein die, mit der Zeit so sparsam wie möglich umzugehen, also so schnell wie möglich zu arbeiten. Diese diffuse Forderung mit der konkreten Situation und den eigenen Bedürfnissen in Einklang zu bringen, erfordert schon viel Selbständigkeit.

— Noch offener sind solche Arbeitssituationen, in denen kein äußerer Zeit- oder Termindruck herrscht, eine *zusammenarbeitende Gruppe* sich aber über die Zeiteinteilung usw. *absprechen* muß. Hier kann man sich nicht mehr auf irgendwelche »Sachzwänge« zurückziehen, sondern muß gemeinsam selbständig zu Entscheidungen finden, gestützt und getragen durch die Gruppe.

— Schließlich gibt es Arbeiten, bei deren zeitlicher Strukturierung man innerhalb *sehr allgemeiner Grenzen* — etwa bestimmter Vorstellungen anderer, wie lange man üblicherweise für so etwas braucht, oder bei langfristigen Lieferterminen — weitgehend frei ist und relativ viele Entscheidungen über die Reihenfolge der Arbeiten, die zulässige Dauer einzelner Arbeitsschritte und die eigene Arbeitsgeschwindigkeit treffen muß.

— Zuletzt sind Arbeitssituationen *ohne jede zeitliche Vorgabe*, ohne Endtermin und äußeren Zeitdruck oder äußere Zeitgliederung möglich (wenn auch zweifellos selten). Sie stellen die höchsten Anforderungen an die Fähigkeit, mit der Zeit selbständig und eigenverantwortlich umzugehen bzw. auch ohne äußeren Zwang sich einer Aufgabe verpflichtet zu fühlen. Selbständige schriftstellerische Leistungen gehören hierher oder auch freie künstlerische Tätigkeiten. In der Reha-Einrichtung kann man solche Arbeitssituationen überall dort schaffen, wo keine Liefertermine oder sonstige soziale Verpflichtungen einzuhalten sind und man einfach einem Betreuten ohne nähere Angaben eine Arbeit überträgt.

○ Beispiel 2: Unterschiedliche Selbständigkeitsgrade durch unterschiedliche Formulierung der Arbeitsaufgabe.

In Abhängigkeit von Arbeitsteilung und Formalisierungsgrad lassen sich Aufgaben, die dem einzelnen Betreuten übertragen werden, so stellen, daß sie entweder ganz eindeutig oder — mit vielen Zwischenstufen — ganz selbständig ergriffen und ausgestaltet werden müssen:

Dosierung des selbständigen Umgangs mit der Arbeitsaufgabe

— Bei sehr stark differenzierter Arbeitsteilung und strenger Formalisierung können Aufgaben dieser Art entstehen: »Schraube diese Schraube mit diesem Schraubenzieher in das vorgebohrte Loch hinein!« Hier muß eine genau vorgeschriebene Verrichtung ausgeführt werden, ohne daß irgendeine eigene Entscheidung gefordert wäre oder eine Problemlösung bedacht werden müßte.

— Etwas mehr Selbständigkeit wird gefordert, wenn man das unmittelbar zu erreichende Arbeitsziel ganz genau formuliert, aber nicht mehr die dazu nötigen Verrichtungen, die vom Arbeitenden gekannt, herausgefunden und geordnet werden müssen. Beispiele: »Entferne diesen Fleck!« »Löte den Boden an!«

— Eine gewisse Steigerung des Selbständigkeitsgrades ist dann gegeben, wenn der Arbeitende nicht nur die richtigen Schritte zum klar beschriebenen Ziel selbst bestimmen muß, sondern wenn die Zielformulierung unscharf und interpretationsbedürftig wird, ihm also kein klar definierter Endzustand gegeben wurde, sondern er selbst entscheiden muß, wann das Ziel als erreicht gelten soll. Typische Beispiele: Ein Zimmer »saubermachen«, ein Brett »glatt hobeln«, »einen« Pudding machen usw.

— Diese Unschärfe kann erheblich gesteigert werden durch immer unbestimmtere, allgemeinere Formulierungen der Aufgaben (in der Curriculumforschung spricht man hier von »Richtzielen« im Unterschied zu den »Feinzielen« des letzten Punktes): »Mittagessen kochen«, »einen Tisch anfertigen«, »Kartoffeln anbauen«. — Charakteristisch ist, daß diese »Richtzielformulierungen« eine weitere Untergliederung und Zerlegung in Teilziele verlangen, bevor man losarbeiten kann, also einen Planungsschritt. Außerdem können diese Ziele unterschiedlich ausfallen und über verschiedene Wege erreicht werden — es sind also wieder mehrere Entscheidungen nötig.

— Die nächste Steigerung des geforderten Selbständigkeitsgrades ist dann gegeben, wenn man einem Betreuten nicht mehr Ziele vorgibt, sondern ihm ein Problem zur Lösung übergibt: »Eine ausreichende Hofbeleuchtung schaffen«, »diese Maschine wieder in Gang bringen«, »den Raum wohnlich einrichten« ... Hier faßt die Aufgabenformulierung keine genauen Ziele, weil es offen bleibt, wie die ausreichende Hofbeleuchtung usw. genau aussieht, sondern es wird lediglich eine Problemlage genannt, deren Bearbeitungsrichtung erst herausgefunden werden muß.

— Schließlich, als höchste Steigerungsstufe, werden keine Aufgaben und Ziele mehr vorgegeben, sondern es kann dem Betreuten selbst überlassen bleiben, aus der Wahrnehmung der Situation und der Kenntnis seiner Fähigkeiten Aufgaben zu erkennen, zu analysieren und zu übernehmen. Dies stellt zweifellos die höchsten Ansprüche an Motivation, Wahrnehmungsvermögen und Entschlußkraft.

o Beispiel 3: Steigerung der Selbständigkeit in der Gestaltung der sozialen Verhältnisse

Auch die Fähigkeiten, zu anderen Menschen Kontakte aufzunehmen, sich zu vereinbaren, auf andere einzugehen usw. sind bei vielen Menschen mit psychischen Behinderungen oft stark beeinträchtigt. Sich in sozialen Beziehungen selbständig zu bewegen ist deshalb ein besonders wichtiges Teilziel der Rehabilitation. Auch diese Seite der Selbständigkeit läßt sich durch eine entsprechende Gestaltung der Arbeitsverhältnisse, vor allem natürlich durch das Arrangement der Arbeitsteilung, gut dosieren und allmählich steigern:

Dosierung der Selbstbestimmungsforderung im Sozialen

— Am wenigsten soziale Fähigkeiten verlangen alle typischen Einzelarbeiten, bei denen der Arbeitende seinen Auftrag individuell ausführt und sich in seiner Arbeit auf niemanden sonst bezieht.

— Dann gibt es Arbeiten, bei denen der einzelne in ein festes Kooperationsgefüge eingespannt wird, bei dem er sich selbst nicht auf die anderen beziehen muß, sondern »die Organisation« hat das alles für ihn geregelt.

— Darüber hinaus gibt es Arbeiten, die zwar weitgehend individuell ausgeführt werden, aber eine Koordination mit anderen am Anfang und Ende erfordern (Garten, Handwerke); diese Koordination kann durch Vorgesetzte übernommen werden, sie kann aber auch — in fortgeschrittenerem Stadium — den Arbeitenden selbst überlassen bleiben.

— Schließlich gibt es Hand-in-Hand-Arbeiten, bei denen kein äußeres Arrangement die Koordination und Wechselseitigkeit vermittelt, sondern wo dies ohne gegenseitige Wahrnehmung und Kommunikation der Betroffenen erreicht werden muß: Gemeinsame Montage, Schlosserei.

— Die höchste Stufe ist erreicht, wenn es zur gemeinsamen Arbeitsplanung (Selbstverwaltung) und -durchführung kommt und diese nicht nach abstrakten Hausordnungen und Organisationsplänen erfolgt, sondern frei aus der Situation, den jeweiligen persönlichen Gegebenheiten und getragen von wechselseitiger Wahrnehmung und Anerkennung.

Zusammenfassung

- Die Arbeit ist nicht allein durch die sachlichen Anforderungen der Arbeitsinhalte bestimmt, sondern hinsichtlich Technologie, Arbeitsteilung und Formalisierungsgrad — die wir mit dem Begriff des »Arbeitsarrangements« zusammenfassen — muß sie gestaltet werden.
- Welches Arbeitsarrangement getroffen wird, hat erhebliche Bedeutung für die arbeitenden Menschen; nicht zuletzt verändern sich dadurch jeweils die Anforderungen und damit auch die Lernchancen.
- Deshalb kann der Arbeitsleiter die Elemente des Arbeitsarrangements bewußt zur Gestaltung des Lernprozesses in seiner Werkstatt einsetzen. Vor allem kann er damit Lernanforderungen gezielt für den einzelnen auswählen, dosieren, ordnen und zu individuellen Lernwegen »komponieren«.
- Von besonderer Bedeutung ist für die Förderung sozialer Fähigkeiten die Gestaltung der Arbeitsteilung und der damit gegebenen Kooperationsform.
- Eine weitere lernwichtige Seite des Arbeitsarrangements wird sichtbar, wenn man sich klar macht, daß zugleich mit dem Arrangement Handlungs- und Entscheidungsspielräume festgelegt werden, die unterschiedliche Forderungen an Selbständigkeit und Selbstverantwortlichkeit des Betreuten stellen.
- Der Arbeitsleiter muß darum erkennen lernen, welche Handlungsspielräume er durch welches Arrangement öffnet oder schließt und wieviel Selbständigkeit er damit fordert.
- Beherrscht er diese Zusammenhänge, kann er systematisch eine »Lerntreppe« zur Selbständigkeit einrichten, d. h. er kann die Arbeitsverhältnisse so gestalten und in eine Stufenfolge bringen, daß in verschiedenen relevanten Hinsichten schrittweise immer mehr Selbständigkeit gefordert wird.

Übungen:

o Beschreiben Sie ausführlich das Arrangement Ihres eigenen Arbeitsplatzes hinsichtlich der drei Elemente Technik, Arbeitsteilung und Formalisierung.
o Untersuchen Sie jetzt das Arrangement der Arbeit in Ihrer Werkstatt bei einem der letzten größeren Arbeitsaufträge bzw. -vorhaben. Benutzen Sie dabei das achtgliedrige Schema.
o Spielen Sie einmal in Gedanken durch, wie es aussehen würde, wenn für Ihre eigene Arbeit keinerlei Maschinen zur Verfügung ständen, Ihr Arbeitsgebiet einige Nachbarfelder mit einschließen würde und es keine formellen Regeln gäbe. — Dann spielen Sie in Gedanken durch, was sich alles veränderte, wenn Ihr Arbeitsarrangement ins andere Extrem umschlüge und Sie noch mehr Maschinen hätten, sich auf einen Teilbereich Ihres jetzigen Aufgabengebietes beschränken müßten und die Arbeit hoch formalisiert würde.
o Überlegen Sie gründlich für einen oder mehrere Arbeitsplätze bzw. Betreute in Ihrer Werkstatt, was sich an den Anforderungen der jeweiligen Arbeit ändern würde, wenn entweder mehr oder weniger Technik, Arbeitsteilung und Formalisierung eingesetzt würde.
o Versuchen Sie herauszufinden, welche Anforderungselemente eines in Ihrer Werkstatt laufenden Arbeitsauftrages für die dort tätigen Betreuten auf deren momentanem Entwicklungsstand besonders wichtig sind. Dann versuchen Sie, eine Arbeitsteilung und ggf. auch einen Technik- und Formalisierungseinsatz zu planen, der Lernbedürfnisse und Lernchancen möglichst genau zueinander ordnet. Was müßte sich ändern; welche weiteren Schritte müßten noch geklärt werden? — Wenn Sie glauben, einen Weg gefunden zu haben, probieren Sie ihn einfach einmal aus!
o Bestimmen Sie die Kooperationsformen in Ihrer Werkstatt und die damit jeweils verbundenen sozialen Anforderungen. Wo und wie könnten Sie auch andere Kooperationsformen einsetzen?
o Versuchen Sie, für jede derzeit in Ihrer Werkstatt anfallende Betreutenarbeit die dort vorhandenen Handlungsspielräume zu identifizieren.

- Wovon würde es abhängen, wenn diese Handlungsspielräume größer oder kleiner würden?
- Versuchen Sie, ein und dieselbe Arbeit durch sich veränderndes Arrangement so zu gestalten, daß eine Stufenfolge erweiterter Handlungsspielräume entsteht. — Versuchen Sie dasselbe bei einem »Werkstattdurchgang« an unterschiedlichen Plätzen bzw. Arbeiten.

6. Was sollte der Arbeitsleiter tun, wenn ... Einige praktische Empfehlungen

Verhalten des Arbeitsleiters ist entscheidend

Ob und wie weit alle jene rehabilitativen Möglichkeiten der Arbeit, des Arbeitsarrangements, der Lernformen usw. für die Betreuten in einer Werkstatt tatsächlich zum Tragen kommen können, hängt letztlich entscheidend vom *persönlichen Verhalten des Arbeitsleiters* ab, von seinem Anleitungs- und Umgangsstil ebenso wie von seiner »Interventionstechnik«. Man kann jede noch so gute, in der Sache liegende Lernchance zunichte machen, wenn man dem Arbeitenden in dem Moment, in dem er mit einer Schwierigkeit zu kämpfen hat, die Arbeit aus der Hand nimmt mit dem Kommentar: »Komm, laß mich das machen, das geht doch schneller.« Der Arbeitsleiter muß ständig, am besten in

Tägliche Rückschau

täglicher Rückschau, sein eigenes Verhalten in der Werkstatt kritisch betrachten und sich fragen, ob er es so eingerichtet hat, daß er die möglichen Lernprozesse fördern konnte, oder ob er Lernchancen zerstörte. Diese Selbstprüfung ist anfangs meist recht peinlich (weshalb man sich leider oft davor drückt), aber das kann gar nicht anders sein und sollte auch vom Arbeitsleiter bewußt als *eigene Entwicklungsaufgabe* verstanden werden.

Klientenzentriertes Verhalten

In den letzten Jahren ist unter Psychologen und Psychotherapeuten die Auffassung verbreitet, daß der Arbeitsleiter — wie alle Mitarbeiter in der Rehabilitation — eher »klientenzentriert« vorgehen sollte. Man bevorzugt gewährende Beziehungen zwischen Arbeitsleiter und Betreuten, die auf
— positiver Wertschätzung und emotionaler Wärme,
— Verstehen emotionaler Erlebnisinhalte des Klienten,
— Echtheit im Verhalten und
— Betonung der Gefühlsaspekte
beruhen. Vor allem gilt hier die Regel, dem Klienten selbst so weit wie möglich die Verantwortung und Lenkung seines Lebens zu überlassen, seine Wünsche und Reaktionen ernst zu nehmen und sie nicht nach den eigenen Maßstäben und

»Nicht-bedrohliches« psychisches Klima

Werten zu beurteilen. Der Arbeitsleiter soll eher ermutigen als anweisen, Äußerungen der Klienten sich frei entfalten lassen und allgemein ein »nicht-bedrohliches« psychisches Klima zu schaffen versuchen, also den Betreuten das Gefühl geben, daß sie akzeptiert werden, ihr Verhalten nicht andauernd bewertet wird

und daß sie verstanden werden. Als »Regeln für das Leiterverhalten« formuliert C. Rogers:
— die Vermittlung von Wärme und Einfühlung,
— die Fähigkeit, anderen zuzuhören,
— das Verstehen von Bedeutungen und Absichten (»was einer wirklich sagen will«),
— das Akzeptieren der Wünsche des anderen (was nicht gleichbedeutend damit ist, daß er jeden dieser Wünsche erfüllen muß, sondern er soll sie lediglich als solche anerkennen),
— die »verbindende« Funktion zwischen den Gruppenmitgliedern (d. h. er soll Beziehungen zwischen ihnen aktiv herstellen, z. B. durch verbale Brücken).

Regeln des Leiterverhaltens

In letzter Zeit hat man im Rahmen dieses klientenzentrierten Leitungsstils stärker die Bedeutung einer gezielten Auseinandersetzung mit der *Realität* und ihren sachlich-faktischen Grenzen und Erfordernissen betont. D. h., der Arbeitsleiter muß immer wieder darauf achten, daß er bei allem Respekt und aller Anerkennung der persönlichen Bedürfnisse der Klienten immer wieder auch die Bedingungen der Realität ins Spiel bringt, an und in der die Betreuten sich ja schließlich bewähren müssen. Einer der wesentlichsten Schritte zur Rehabilitation psychisch Behinderter besteht ja darin, von der Selbstbefangenheit loszukommen und sich freier und mutiger der Welt und ihren Anforderungen zuzuwenden. Die (ernsthafte) *Arbeit* ist dabei eine besonders wirksame Hilfe.

Realitätsbezug

Wir können und wollen nun keine Rezepte für das Arbeitsleiterverhalten aufstellen; dazu ist der Arbeitsalltag in einer Rehabilitationswerkstatt zu vielfältig und die Beziehung zum einzelnen Betreuten zu individuell. Dennoch möchten wir anhand einiger typischer, in der Werkstatt immer wiederkehrender sozialer Situationen versuchen, die genannten allgemeinen Regeln für das Arbeitsleiterverhalten auf dem Hintergrund unserer Erfahrungen auf Hof Sondern einmal anzuwenden. Diese Überlegungen sind als Anregungen zu verstehen, nicht als »letzte Weisheit« oder verbindliche Verhaltensnorm! Wir fragen also:

Was kann der Arbeitsleiter tun, wenn ...
... ein Betreuter andauernd zu spät kommt?

Selbstprüfung

Sicher hat es keinen Sinn, den Betreuten »zusammenzustauchen« oder von ihm Entschuldigungssprüche zu verlangen. In gewissem Grade muß man Unpünktlichkeit hier sogar tolerieren, weil sie bei psychisch Behinderten in aller Regel nicht Disziplinlosigkeit oder Faulheit ist, sondern Ausdruck einer mangelnden Fähigkeit zur Selbstorganisation, die wiederum Bestandteil der psychischen Behinderung ist. — Hilfen können nur so aussehen, daß der Arbeitsleiter sich zunächst selbst prüft, ob er ein pünktlicher oder unpünktlicher Mensch ist und so vielleicht unbewußt einen bestimmten »Stil« in der Werkstatt prägt. Im Falle behinderungsbedingter Unpünktlichkeit sollte die Arbeitsumgebung und -atmosphäre für den Betreuten so gestaltet werden, daß er unter dieser zunächst unkorrigierbaren Unpünktlichkeit nicht noch zusätzlich leidet (z. B. kann man eine zeitlich ungebundene Arbeit für ihn reservieren oder vermeiden, ihn immer wieder auf seine Unpünktlichkeit hin anzusprechen). Bemerkt der Arbeitsleiter, daß der Betreute selbst seine Unpünktlichkeit in den Griff bekommen möchte, bietet die Werkstatt dafür ein breites Übungsfeld, in dem gut dosierte Pünktlichkeitsaufgaben vereinbart werden können.

... ein Betreuter dauernd Sonderpausen einlegt? Oder sehr langsam und ineffektiv arbeitet?

Faulheit?

Auch hier sollte der Arbeitsleiter erst einmal grundsätzlich davon ausgehen, daß diese Verhaltensweisen nichts mit Faulheit oder Arbeitsscheu zu tun haben, sondern krankheits- und medikamentenbedingt sind und daher zugestanden werden müssen. In den regelmäßigen »Lerngesprächen« kann der Arbeitsleiter diesen Punkt vorsichtig ansprechen, um herauszufinden, ob der Betreute ein Problembewußtsein hat und diesen Zustand ändern möchte. Erst dann kommen entsprechende »Trainingsversuche« in Frage, die man in »sportlicher« Form anlegen kann. Ist das Problem dem Betreuten nicht bewußt, kann der Arbeitsleiter versuchen, ihn selbst darauf kommen zu lassen, etwa durch entsprechende Kooperationssituationen, die einen Vergleich ermöglichen. Aber hier muß er darauf achten, den Betreuten nicht zu sehr unter Druck zu setzen. Dies gilt insbesondere für solche Betreute, die mit Ängsten und Wahnvorstellungen zu kämpfen haben, während den eher apathischen, depressiven Klienten ein gewisser äußerer Druck gut tun kann.

Möglichkeiten der Hilfe

... ein Betreuter in eine Krise kommt (also ein Rückfall droht)?

Grundsätzlich kann er dann nicht arbeiten. Wenn jemand einen Schub bekommt oder sich in Vor- oder Nachphasen der Psychose befindet, ist es wichtig, daß das vom Arbeitsleiter und den Kollegen *erkannt* und *akzeptiert* wird. Die Arbeitsgruppe sollte sich klar darüber sein, daß der Betreute in dieser Situation Verständnis, Mitgefühl und Hilfe braucht. Ob dann alle dazu bereit sind, sollte in einem solchen Fall abgesprochen werden. Bei schweren Krisen ist natürlich ärztliche Behandlung wie auch »krankschreiben« notwendig. Man sollte dann nicht verlangen, daß der Patient an den Arbeitsplatz kommt.

Akzeptieren

In Hof Sondern konnten in den Häusern, aber auch im Garten Betreute in Krisen gehalten werden, weil sich ein Mitarbeiter bereit fand, »Hand-in-Hand« und »Seite-an-Seite« mit dem Betreuten eine gewisse Zeitlang zu arbeiten. Im Haus geht das sehr gut, in einer Werkstatt ist es schon schwieriger.

Enge Kooperation

In einer Werkstatt, aber auch im Haus ist im »Krisenfall« erhöhte Aufmerksamkeit notwendig, da die Gefahr besteht, daß der Betreute »gefährliche Sachen« macht, z. B. die »Kreissäge mit der Hand abbremsen möchte« oder »die Milch mit blauer Farbe anreichert« usw.

Gefahr

Ob es gewagt wird, einen Klienten im Vorstadium der Krise nicht gleich in stationäre Behandlung zu schicken, sollte in Zusammenarbeit und nach Rücksprache mit dem behandelnden Arzt entschieden werden. Auch der Betreute muß zustimmen, daß er noch nicht in die Klinik geht, sondern abwartet.

Hausarbeit   Es hat sich in Hof Sondern gezeigt, daß es besser ist, wenn der Betreute in einer solchen Situation im Haus mitarbeitet und man ihn von den »Reizen« der Werkstatt fernhält.

Fazit: Im Frühstadium einer Krise kann man durch erhöhte Aufmerksamkeit, besonderes Arrangement (Einzelbetreuung) und Zusammenarbeit mit dem Arzt vielleicht deren Dynamik beeinflussen. *Aber dies gelingt nicht immer!* Man muß damit rechnen, daß der Klinikaufenthalt notwendig wird.

... Fehler geschehen?

Tadeln?   »Kein Tadel vor anderen« ist ein Grundsatz, der auch hier gilt.

Kein »Psychologisieren«!   Es sollte grundsätzlich nur auf den sachlichen Fehler bezogen kritisiert werden. Vor allem gilt: keine Schlüsse auf die Krankheit ziehen, nicht die Fehlerursachen in Verbindung mit der Krankheit besprechen. Keine *Vorwürfe* machen! Eine Verbindung zur Krankheit sollte, wenn überhaupt, nur in einer »Diagnose-Besprechung« versucht werden, aber auch da nur sehr vorsichtig, wenn ein gewisses Vertrauen zum Betreuer vorhanden ist.

... ein Betreuter große Angst hat, sich nichts zutraut?

Sprechen   Angst hat meist krankheitsbedingte Ursachen. Man kann mit dem Klienten über seine Ängste sprechen, aber es ist wichtig, nicht nach Ursachen zu forschen (analysieren). Stattdessen sollte man mit dem Betreuten im Einzelgespräch überlegen, wie man gemeinsam die Angstzustände innerhalb der Arbeitssituation überwinden kann. Das hat natürlich seine Grenzen, z. B. bei Angstneurosen oder in der Vorphase einer Krise.

Hat jemand Ängste in phobienhaftem Ausmaß oder Angst vor Werkzeugen, Maschinen, Tieren, so darf man ihn nie zu dem zwingen, wovor er Angst hat. Agoraphobie: Vorsicht bei Feldarbeit. Bei Klaustrophobie: Vorsicht in der engen Backstube.

Kein Zwang!

Da Angst aus den verschiedensten Gründen unter den Betreuten weit verbreitet ist, muß sie auf jeden Fall ernst genommen werden. Der Arbeitsleiter sollte sich überlegen, wie er den Betreuten anregen könnte, aus seinem Schneckenhaus herauszukommen und wie er ihn auch ein bißchen überlisten kann.

... ein Betreuer sich zuviel zutraut?

Das kommt eigentlich viel öfter vor als das Gegenteil. Hier hat der Arbeitsleiter *Bremser-Funktion*. In der Werkstatt für psychisch Behinderte muß der Arbeitsleiter mit beträchtlichen Leistungsschwankungen der Betreuten rechnen und ihre Arbeit entsprechend beobachten und u. U. auch kontrollieren. Vor allem muß er wissen, daß das Arbeitsverhalten kaum berechenbar oder vorhersehbar ist, sondern täglich andere Probleme mit sich bringen kann und neu wahrgenommen werden muß. Dabei braucht der Arbeitsleiter auch ein Gefühl dafür, ob sich hinter einer Leistungseinschränkung ein »Nicht-Können« oder ein »Nicht-Wollen« verbirgt. Diese Schwankungen und Unvorhersehbarkeiten erfordern eine außerordentlich flexible Arbeitsorganisation, die möglicherweise täglich zu neuer Einteilung der Arbeit führen kann.

Schwankendes Arbeitsverhalten

Ausgewählte Literatur

I.

Literatur zu psychischer Erkrankung und Behinderung, Rehabilitation und Arbeitstherapie

Aernout, J. R., Arbeitstherapie, Weinheim 1981.
Barz, H., Praktische Psychiatrie, Bern 1978.
Bericht über die Lage der Psychiatrie in der Bundesrepublik Deutschland — Zur psychiatrischen und psychotherapeutisch-psychosomatischen Versorgung der Bevölkerung, Bonn-Bad Godesberg; Bundestagsdrucksache 7/4200, 1975.
Bernhart, P., Pädagogische Förderung in der Werkstatt für Behinderte, München — Basel 1977.
Bosch, G., Zur beruflichen Rehabilitation schizophrener Patienten, Rehabilitation 14 (1975), 9—17.
Bopp, J., Antipsychiatrie, Theorien, Therapien, Politik, Frankfurt/M. 1980.
Cooper, D., Psychiatrie und Anti-Psychiatrie, Frankfurt/M. 1971; 3. Auflage 1975.
Dörner, K., Diagnosen der Psychiatrie, Frankfurt 1975.
Dörner, K. u. Plog, V., Irren ist menschlich oder Lehrbuch der Psychiatrie/ Psychotherapie, Wunstorf 1978.
Gemsjäger, W., Dill, M., Arbeits- und Berufsförderung von Behinderten, Berufliche Rehabilitation. Aufgaben und Praxis der Bundesanstalt für Arbeit, Heft 19, Stuttgart 1977.
Grosse, R. u. a., Zum Heilpädagogischen Kurs Rudolf Steiners, Stuttgart 1974.
Hack, I., Angermeyer, M., Rehabilitation durch Arbeit. Weinheim/Basel 1979.
Harflinger, H., Arbeit als Mittel psychiatrischer Therapie, Stuttgart 1968.
Hohm, H., Berufliche Rehabilitation bei psychisch Kranken, Weinheim/Basel 1977.
Institut für Sozialforschung und Betriebspädagogik e. V. Hg., Arbeit mit Behinderten, Handreichung für die Fort- und Weiterbildung von Fachkräften in der beruflichen und sozialen Rehabilitation Behinderter (Prof. W. Dürr u. a.), Loseblattsammlung, 2 Bände, Berlin 1985.
Jochheim, K.-A. u. Scholz, J. F. (Hg.), Rehabilitation — Band I—III, Stuttgart 1975.

Keupp, H. u. Rerrich, M., Psychosoziale Praxis, München 1982.
Kunze, H., Psychiatrische Übertragungseinrichtungen und Heime, Stuttgart 1981.
Medizinische Sektion am Goetheanum (Hg.), Therapie seelischer Erkrankungen im anthroposophischen Licht, Stuttgart 1979.
dies., Das therapeutische Gespräch, Stuttgart 1980.
Rebell, C., Sozialpsychiatrie in der Industriegesellschaft, Frankfurt/M., Campus 1976.
Rogers, C. R., Die nicht-direktive Behandlung, München 1972.
Schuchart, E., Soziale Integration Behinderter, Braunschweig 1980.
Schulte, W., Tölle, R., Psychiatrie, Berlin — Heidelberg — New York 1971.
Tews, H. P., Wöhrl, H.-G., Behinderte in der beruflichen Rehabilitation, Weinheim 1981.
Treichler, R., Die Entwicklung der Seele im Lebenslauf, Stuttgart 1981.
Treichler, R., Der schizophrene Prozeß, Stuttgart 1981.
Vereinigung der Heil- und Erziehungsinstitute für seelenpflegebedürftige Kinder e. V. (Hg.), Heilende Erziehung vor dem Menschenbild der Anthroposophie, Stuttgart 1979.

II.

Literatur zum Thema »Arbeit und Persönlichkeit«

Alioth, A., Entwicklung und Einführung alternativer Arbeitsformen, Bern 1980.
Althaus, D., Zur Psychopathologie des Arbeitslebens am Arbeitsplatz, Frankfurt 1979.
Baitsch, Ch. u. Frei, F., Qualifizierung in der Arbeitstätigkeit, Bern 1980.
Beck, U. / Brater, M. / Daheim, H., Soziologie der Arbeit und der Berufe. Grundlagen, Problemfelder, Forschungsergebnisse. Reinbek bei Hamburg 1980.
Brater, M., Arbeit im Schulunterricht, in: Westermanns Pädagogische Beiträge, Heft 8/1979.
Brater, M. u. Elsässer P., Kreativ fördern — ganzheitlich bilden durch praktisches Tun, Tibb-Info, Päd. 2, Bonn 1986.
Brock, D., Neue Formen der Arbeitsorganisation und die Frage nach der Bildungsrelevanz von Arbeit. In: Zeitschrift für Pädagogik, 24. Jg., 1978, Heft 3, S. 415—427.
Dauber, H. / Berne, E., Freiheit zum Lernen, Alternativen zur lebenslänglichen Verschulung. Die Freiheit von Leben, Lernen, Arbeiten. Reinbek bei Hamburg 1976.
Edding, F. u. a., (Hg.), Praktisches Lernen in der Hibernia-Pädagogik, Stuttgart 1985. Erziehungskunst (Monatsschrift zur Pädagogik Rudolf Steiners), Schwerpunktheft »Arbeit und Bildung«, Heft 10, 1982.
Feuerstein, T., Persönlichkeitsbezogene Analyse und menschengerechte Gestaltung von beruflichen Lern- und Arbeitsprozessen aus entwicklungs- und kompetenztheoretischer Sicht. In: Zeitschrift für Berufs- und Wirtschaftspädagogik, Wiesbaden 1980, Beiheft I, S. 99—108.
Frei, F. / Ulich, E. (Hg.), Beiträge zur psychologischen Tätigkeitsanalyse. Bern / Stuttgart / Wien 1980.
Frese, M., Psychische Störungen bei Arbeitern, Salzburg 1977.
Frese, M., Greif, N., Semmer (Hg.), Industrielle Psychopathologie, Bern / Stuttgart / Wien 1978.
Fucke, E., Lernziel: Handeln können, Frankfurt 1981.

Georg, W. u. Kübler, L. (Hg.), Arbeit und Lernen, Frankfurt/M. 1982.
Groskurth, P. (Hg.), Arbeit und Persönlichkeit: Berufliche Sozialisation in der arbeitsteiligen Gesellschaft. Ergebnisse der Arbeitswissenschaft für Bildung, psychosoziale und gewerkschaftliche Praxis, Reinbek bei Hamburg 1979.
Lempert, W., Untersuchungen zum Sozialisationspotential gesellschaftlicher Arbeit. Ein Bericht mit einem Beitrag von *E. Hoff*, Berlin: Max-Planck-Institut für Bildungsforschung 1977a (Materialien aus der Bildungsforschung, Bd. 12).
Lempert, W., Zur theoretischen und empirischen Analyse von Beziehungen zwischen Arbeiten und Lernen. In: Die Deutsche Berufs- und Fachschule, 74. Jg., 1978b, Heft 12, S. 883—901.
Lipsmeier, A. u. a., Berufspädagogik, Stuttgart 1975.
Nave-Herz, R. (Hg.), Erwachsenensozialisation, Weinheim / Basel 1981.
Petzolt, H. u. Heinl, H., Psychotherapie und Arbeitswelt, Paderborn 1983.
Riedel, J., Arbeiten und Lernen, Braunschweig 1962.
Schmidt-Brabant, M., Wert und Würde der Arbeit. Ihre Bedeutung für die Persönlichkeitsentwicklung, in: *S. Leber u. a.*, (Hg.), Arbeitslosigkeit, Stuttgart 1984.
Schmid, M., Der Arbeitsplatz als Lernort, in: Deutsche Berufs- und Fachschule, Heft 4, 1976.
Seibel, H. O. u. Lühring, H., Arbeit und psychische Gesundheit, Göttingen 1984.
Ulich, E., Über mögliche Zusammenhänge zwischen Arbeitstätigkeit und Persönlichkeitsentwicklung. In: psychosozial, 1. Jg., Heft 1, S. 44—63.
Volpert, W., (Hg.), Beiträge zur psychologischen Handlungstheorie. Bern / Stuttgart / Wien 1980.
Weick, E. (Hg.), Arbeit und Lernen, Berlin 1976.

Die im Geleitwort erwähnte, parallel zu diesem Band entstandene Handreichung, die 1986 im Verlag Das Seelenpflege-bedürftige Kind in Wuppertal erschienen ist, wird zugleich mit der Neuauflage von «Eingliederung durch Arbeit» vom Verlag am Goetheanum in Kommission übernommen und ist somit wie alle anderen Titel normal im Buchhandel erhältlich.

Die Gestaltung von Arbeitsverhältnissen für psychisch Behinderte in Übergangseinrichtungen und Betrieben

Ein Bericht über die Arbeitsbereiche von Hof Sondern
Kurzfassung des Endberichts der wissenschaftlichen Begleitung des Projekts «Modellhafte Entwicklung und Erforschung von Arbeitsverhältnissen für psychisch Behinderte im Rehabilitationsbereich»

Dr. Michael Brater, Helga Raidus, Ernst-Ulrich Wehle
unter Mitarbeit von Christiane Hemmer und Meto Salijevic
Projektleiter: Siegfried Schmock

Sozialtherapeutische Akademie Sondern e.V., Wuppertal
in Zusammenarbeit mit der
Gesellschaft für Ausbildungsforschung und Berufsentwicklung e.V., München

1986 (alte ISBN 3-89138-074-7), Manuskriptdruck, Format A4, 208 Seiten, kart.
DM/Fr. 28,- / ÖS 220,- ISBN 3-7235-0733-6

VERLAG AM GOETHEANUM